U0907403

刘强东

我的青春不迷茫

LIUQIANGDONGWODEQINGCHUNBUMIMANG

孙琳◎著

中国言实出版社

图书在版编目（CIP）数据

刘强东：我的青春不迷茫/孙琳著. —北京：中国言实出版社，2014. 5

ISBN 978-7-5171-0555-8

Ⅰ. ①刘…　Ⅱ. ①孙…　Ⅲ. ①刘强东-生平事迹　Ⅳ. ①K825. 38

中国版本图书馆 CIP 数据核字（2014）第 082916 号

责任编辑：郭江妮

出版发行　中国言实出版社

地　址：北京市朝阳区北苑路 180 号加利大厦 5 号楼 105 室

邮　编：100101

编辑部：北京市西城区百万庄大街甲 16 号五层

邮　编：100037

电　话：64924853（总编室）　64924716（发行部）

网　址：www.zgyscbs.cn

E-mail：zgyscbs@263.net

经　　销　新华书店

印　　刷　河北信德印刷有限公司

版　　次　2019 年 1 月第 2 版　　2023 年 4 月第 2 次印刷

规　　格　710 毫米×1000 毫米　1/16　17.75 印张

字　　数　196 千字

定　　价　48.00 元　　ISBN 978-7-5171-0555-8

引 言

有些人的成功，是因为命中注定；但绝大多数人的成功，是因为下定决心。

——亨利·福特

穿过沙漠，你也许会见到最壮丽的朝阳。

——刘强东

随着电子商务的蓬勃发展，互联网购物逐渐走进人们的生活，使生活更加绚丽多彩的同时，也使电子商务领域英雄辈出。刘强东就是其中的杰出代表。在当今电子商务领域，这位风向标式的传奇人物，只用不到十年的时间，就打造了年销售额超过1000亿元的京东，成为中国最具竞争力的电子商务英豪。

谁能想到这位年轻有为的70后创业者有着如此的魄力和勇气？有着如此的电商理念和大刀阔斧、敢为人先的挑战精神？

这位在电商领域呼风唤雨的风流人物，不时抬头朝办公室墙壁上的横幅望去："静思勤忍。"就是这个静静地思考着的年轻人，花了不到十年的功夫，把京东打造成了中国 B2C 电子商务行业龙头；就是他，几乎半年就要在同行业里发动一次价格战，搅得电商 B2C 市场剑光闪闪，战火熊熊，马嘶人叫；还是他，从摆摊小贩做起，打造了京东这个年增长率高达 300% 的著名千亿元企业，不断突破竞争对手的围追堵截，成为电商界的风云人物。

此刻，他站在中国 B2C 电商界的最高峰，朝远处望去，仿佛从千年商业发展中穿越时空隧道，阅尽了古野苍茫！

2013 年底，又传来令人震惊的消息，京东年销售额实现 1100 亿元！

刘强东已经震撼了中国，震撼了世界，在中国电子商务发展史上记下了辉煌的一章。

2011 年 9 月 8 日，刘强东登上福布斯 2011 年中国富豪榜；这一年，他获得"CCTV－2 年度经济人物大奖"；此后又获得"华人经济领袖奖"；2012 年 5 月 6 日，《财富》杂志中文版公布了 2012 年"中国 40 位 40 岁以下的商界精英"榜单，刘强东排名第一位。

2014 年 3 月 10 日，刘强东再次向电商领域投放了一颗"重磅炸弹"——京东将 15% 的股份售予网络巨头腾讯，腾讯则将旗下众多电子商务业务转交京东负责。至此，在中国电商领域，有实力与马云的阿里系抗衡的公司只剩下京东一家，中国电商界已然进入两分天下的时期。在这个新的时期，京东必将会做出更加惊人的成绩。

2014 年 5 月 22 日，京东在纳斯达克上市，市值约 286 亿美元！

回首刘强东的创业历程和他创造的奇迹，真的让人惊叹佩服！

目录

1 商场就是战场

天行健，君子当自强不息。

刘强东是70后企业家，怀揣着年轻的中国梦，在创业的路上，筚路蓝缕，开拓进取，尝过失败的痛苦和艰辛，也有成功的喜悦和光环。在短短的十年中，他从不懂网络到成为电商之王，从光脚进入电商领域到使京东成为营业额超千亿元的企业，展示了一代电商之王的气魄和魅力。他领导的京东在惨烈的竞争中，以每年300%的增长率立于不败之地。

他的经历和故事激励着年轻人奋勇向前。

在他的创业范本里，有他呕心沥血的商业智慧和敢为人先、英勇向前的勇气和理念。他是中国B2C电商领域升起的一颗光辉耀眼的明星。

他的血管里激越着商人后裔的血液；他儒雅大方的气质里潜

藏着高超的经营管理能力，他是电商奇才！

遭遇第一次惨败

1995 年，上大四的中国人民大学学生刘强东得到消息：校西门外有家饭店要转让，他的心为之一动。经过考察，他觉得餐厅位置不错，客流量也行，就想“赌”一把。他把自己抄信封、卖图书、做程序赚来的 10 多万元钱集中起来，又借来一部分，凑足 24 万元钱，果断盘下了这家饭店。还是学生的刘强东竟然有这样的胆识和魄力，不但令人刮目相看，更令人瞠目结舌。

原来，大学期间，刘强东在《中国青年报》上看到了很多励志故事，故事里主人公充满激情的人生经历让他热血沸腾，倍受鼓舞。他想到自己已经年满 18 岁了，应该独立了。他萌生了创业的念头。事隔多年，他说：“那个时候，我想自己是个男人，已经成年了，我要自己挣钱。”

签完转让合同，梦想创业的刘强东异常兴奋，热情像火一样燃烧，他憧憬着美好的未来：他要把餐厅扩张为全国连锁店。年轻的他不知道，一场“灭顶”之灾在等待着他。

刘强东接手餐厅后，就做了以下决策：一是提高饭店员工的福利，给餐厅所有员工涨了工资，涨幅为前老板时的一倍，仅大厨的工资就由 800 元涨到 1600 元；二是改善了员工的住宿条件，把他们的行李从一下雨就灌水的地下室，搬到居民院中，院子很大很宽，每两个人可以分到一间房，房间还有空调；三是改善了员工伙食，由以前只吃两种菜，即：剩菜和快要变质的菜，改为每顿两荤两素四个菜；四是买菜和收钱都交给员工去做。

不懂人情世故的他以为，以心换心，必定换来员工的忠诚和卖命报答。这一次，他错了。现实无情地击碎了他朴素的管理方法和他的创业梦。

年轻的刘强东和所有的大学生一样，是理想主义者，他将一切想得太美好了。

饭店刚开业，饭店前老板就来要房租。刘强东有点丈二和尚摸不着头脑，急忙问："我已经将饭店买下来了，还交啥房租?"

前老板不慌不忙地把他们签署的合同书拿出来，一条条指给刘强东看，说："合同上写的是24万元买餐厅。买餐厅的什么?就是名字和锅碗瓢盆。这一点你要明白。"

刘强东一时气得说不出话来。他以为24万元是把餐厅的房子也买了。他找律师咨询，才知道这个条款的真正含义。那么，饭店的锅碗瓢盆值24万？显然，刘强东上当了。万般无奈，刘强东每月不得不继续交房租。

屋漏偏逢连夜雨，一波未平一波又起。饭店的经营管理又出现了问题。

饭店开张之初，刘强东自己管理财务账目和采购。可他毕竟是学生，要上课，要完成学业，每周只有两天能去餐厅，不能及时采购食材，经常影响饭店经营。这种事情发生多了，饭店就有人建议，饭店所有的事务都由员工去做，刘强东定期审核。他考虑到这么做虽然有弊端，但是鉴于他目前不能分身的现实，也就采纳了建议。这个时候，人性中的贪婪和劣根性就暴露无遗了，这些员工没有报答刘强东对他们的好，相反，趁他不在掏空了餐厅。他们不仅吃好菜，喝茅台，还在采购时报假账，明明是10元1斤的牛肉却报12元，餐厅只需要10斤，为了贪污那两元钱的差价，硬是买30斤，不惜白白扔掉20斤牛肉；收银员瞒报营业额，每天的营业额收款人说多少就是多少。

除此之外，还有更让刘强东始料不及的事情。

就在刘强东接手饭店半年后的一天，来了几个“大盖帽”，他们递给刘强东一张纸。刘强东一看，顿觉五雷轰顶，差点晕倒。原来，饭店快要拆迁了，拆迁办的工作人员通知他，一周内停止营业。刘强东明白了，原来，饭店前老板早就听说了拆迁的消息了，用低价盘给他，是挖了个陷阱给他。可他明白得太晚了，他只有按照拆迁办的要求，关了饭店。他没有购买房屋所有权，拆迁的时候，他没有得到一分钱的补偿。

刘强东这次上了大当、受了大骗了！年纪轻轻的他背上了巨额债务。他真是欲哭无泪。

仅仅半年，饭店巨亏倒闭，他血本无归。刘强东傻眼了，24万的债务压在他头上，压得他喘不上气来。巨大的打击下，他病了，急火攻心。同学们也纷纷议论，这么大的数目，一个学生怎么还？可怜他小小年纪，就经历了如此惨痛。

他一穷二白负债累累了，从最富有的大学生变成负债最多的大学生。

每当夜晚来临，他一个人站在窗前，看浩瀚银河里点点星光和圆盘一样的月亮，他的心渐渐地恢复了平静。“上帝”关上了一扇门，就会再打开一扇窗，他倚着雕花的窗棂，依然看到了太阳的雄浑和月亮的清凉。刘强东毕竟是刘强东，他的心理非常强大，失败没有打垮他，没多久，他就站了起来，还有半年就毕业了，他告诫自己，不能倒下去，一定得完成学业。从那时起，本来爱说爱笑的他沉默寡言了，他背着20多万元的债务，承受着周围异样的目光，乐观地读书、生活，不管心里多苦，都不让人看出来。他真有那么一股了人生豪迈，失败了从头再来的劲头！

刘强东受挫后，表面上很平静，他的内心却时常翻江倒海，思绪如蹁跹的鸟儿，扇动着思索的翅膀。他不断反省自己这段短暂的创业，他看到了自己的青涩，认识到他之所以失败，就是把信任和管理混为一谈了。他停下飞翔的翅膀，落到大地上，寻找自己的身体与泥土的联系。他知道，自己没有像个成熟的雕塑家那样，精心地捏制自己的作品。作为成熟的创业者，其标志就是审视自己的错误，不耻于展示自己的泥垢和荣耀。痛定思痛，血的教训，使他终于懂得了对员工的信任是要建立在完善的制度之上的。

刘强东说："最根源的问题还是管理不善，对人性啊、管理啊，都比较混沌，怎么管流程，怎么管品质，怎么管采购都很模糊。"

福兮祸兮？失败是成功之母，这样一次失败的尝试，对他日后全新的创业征程起到了不可估量的重要作用。

夜色朦胧，月亮不知藏到哪里去了，生死关头，刘强东的内心寂寥得与窗外的夜空一样，渐渐地澄明，月亮出来了，星星也灿若莹光，他和黑夜交谈。这种交谈没有声音，却像冰河里的潜流，涌动着激情，温暖着心灵的石头。

吃一堑长一智，他在惨败中站立起来，坚韧、执着的他，要重整旗鼓，再打一个翻身仗。

坚强的人不是没有眼泪的人，而是含着眼泪继续奔跑的人。

刘强东擦干眼泪，收拢起悲伤，努力完成学业，坚定地走出生活了四年的人大校门。

那一刻，他的心，电闪雷鸣，如风暴中海浪一样汹涌澎湃。他望着高楼林立的街道和道路两旁的树木及店铺，信步走在熙熙攘攘、人头攒动、车水马龙的大街上，坚定地走进明媚的阳光里。

多年后，他说过这样一段话：“一直以来接受正统教育，学会的做人原则就是：我对你好，你也会对我好。这个事情对我帮助还是很大的。慢慢就想明白了，做人和管理根本就是两个层面的东西。对员工一定要信任，但信任不等于没有管理，让你加入团队就是信任，但要通过制度、规章、流程加以管理，有互相监督的体系。”他调侃自己道：“20 多万元对于一个学生来说，简直就是天文数字。我选择把压力变为动力，毕业后我进了外企，还利用业余时间做兼职，尽我所能还债。”

真的很感谢他励精图治的探索，感谢中国的改革开放为他注入了很好的滋养。面对这么复杂的电商环境，他依然谈笑风雨中，像个大孩子一样，目光清澈，时而微笑，时而凝思。岁月没有在他脸上留下痕迹，也许，他在说，成功和失败都是一种必然，重要的在于把握那决定命运的一瞬，那一赌一搏，实在是精彩；也许，正是这份纯粹才能成全他的梦想吧。

他在残酷的现实中，如凤凰涅槃一样，欲火重生了。

外企管理的启示

人的一生充满了未知的变数，刘强东万万没有想到，他会从最富有的大学生一下子跌入深谷，变成了欠债 24 万元的学生。

大学毕业前夕，刘强东在身负重债的压力下苦读，他的痛苦可想而知。

由于自己的不慎，把父母养老的钱都赔进去了，他们怎么养老？什么时候能把债务还上？他心里的压力无时无刻不在折磨他、提醒他。他变得踏实、深沉了，经常一个人徘徊在校园的林荫小径上，静静地想问题。他将走怎样的道路？

美国社会科学家马斯洛认为，人有五个层次的需求。其中的最高需求是自我价值的实现。刘强东骨子里就有实现自我价值的追求，他希望自己的一生都做有价值的事情，绝不容许自己碌碌无为，空耗时光。他甚至希望自己的一生，犹如狂飙一样掠过大地。他又想起那句话：坚强的人不是没有眼泪的人，而是含着眼泪继续奔跑的人。

他在人生起伏中，坚定了意志。

大学毕业后，刘强东一脚踏进社会，他茫然四顾。他该何去何从？

他止住脚步，用那种疲惫却未失稚气的眼神观察这个世界，前面的路还很远，自己该怎么走？如何填写自己的履历表？大学小打小闹的经商之路上发生的一切，都记忆犹新，他对自己做了一番探究后，发出心声：我不能改变世界，就先改变我自己吧。

1996 年 7 月，刘强东大学毕业。为了尽快还上债务，他放弃了进机关、出国的机会，而是进了一家日企，开始挣钱偿还债务、学习管理。

刘强东进入的是深圳日宝来福磁性健康用品有限公司。

日宝来福磁性健康用品有限公司是中国大陆传销界的“始祖”。对于这种新模式，当时国家没有查禁。那时，中国人对传销一无所知。日宝来福规定，要加入传销网络，必须用 1.5 万元人民币购买 1 张实际价值仅 3000 元的日宝来福床垫。一些刚毕业的大学生，在发财梦的引诱下，加入到传销中，甚至有人借高利贷买床垫。日宝来福仅用一年的时间就有了分公司，传销商发展到 3 万多人，月营业额达 10 亿多元人民币。公司高层每个月的工资有七八千甚至上万元，并配有电脑和手机，出差住高级酒店，每天还有七八百元的补助。刘强东先是管理公司的电脑，然后升为业务代表、物流主管等。他的月工资有 4000 元，他勤俭用度，省下每一分钱来偿还外债。工作中，他发现，日本人对企业有着精细化的管理，就连发传单这样的小事也有严格的规定和标准，日本人的精细化管理让刘强东很受益。

1997 年，国家开始打击传销，日宝来福的业绩开始下滑，公司不得不宣称，不再做传销，改批发商制度。

这个时候，刘强东得知亚马逊在美国纳斯达克上市，杰夫·贝索斯确立亚马逊“以客户为导向”的企业文化理念，深深地影响着刘强东。而随着国家对传销打击力度的加大，日宝来福传销网络全线崩溃。

刘强东辞去日宝来福的工作，赋闲在老家江苏宿迁。此时他的心灵苦闷到了极点，心里有一种被抽空了的感觉。他一个人爬到枫叶嫣红的山顶，望着雾岚中的苍茫群山和波光荡漾的白鹿湖，他想起拜伦的一首短诗：

我总想把琴弦弹得欢乐，
可忧伤强作的笑颜，
就像墓碑上的紫罗兰垂着露。
虽然我有许多爱我的伙伴，
可我的心哟，
依旧孤独。

他回想起在外企工作的那段时光，感触颇多。

外企的管理和节奏对他触动最大。这家外企管理严格，实行轮岗制，刘强东从电脑管理员到物流、再到采购，他掌握了公司所有环节的管理，学到了许多东西，收获颇丰。在这里，他的管理才能得到了充分发挥，他的经营能力也得到了提升，更重要的是，他学会了独立思考、冷静判断，他成长的速度极快，他身上散发着独特的闪光点，为日后创业奠定了基础。

经历过创业失败的他，在日子安逸之后依然不满足。他认为只有创业的紧张和刺激才是自己的价值所在，他绝不甘心将自己置身于无数链条中间的一个小环节上。他在自己生命的疑惑和迷茫中整理在外企工作时收获的点滴；他纵观中国商业风云中崛起的成功人物，颇为感慨，他们搏击市场的故事，成为他挑战自己生命的力量。

刘强东下定决心，奋起一搏。他说："当时就想出去独立做事，因为之前我有过创业经历。就像孙悟空看到一个他喜欢的东西，抓耳挠腮忍耐不住，他根本控制不了他的猴性，控制不了他自己那一身的冲动，我也一样。"

1998 年，李国庆创办了当当网的前身——北京科文国略信息技术公司和科文剑桥图书公司；张朝阳利用风险投资创立了爱特信公司（搜狐公司的前身），成为中国第一家通过风险投资资金建立的互联网；而马云则加入了中国外经贸部，负责开发官方站点及中国产品网上交易市场。

刘强东创业的愿望一天比一天强烈，这就注定了他的人生精彩不凡。经过两年的努力，他还清了债务，他不甘心一直打工，创业的念头，一天比一天更加强烈地迸发出来，他不停地思考，改变原有的就业观念，放弃外企高薪，走上了疯狂创业的道路。

刘强东收拾行囊，告别父母，又一次踏上了回北京的征程。

北京的春天，万木勃发，草长莺飞。道路两旁似锦的繁华里，当然还有五千年灿烂文化的清香，悠然飘来。刘强东心里那种孤蓬万里征的苍茫寂寥，像鱼儿越过水波，打湿了感动的心灵。

刘强东每天穿行在喧嚣的大街小巷，扫视着各个角落，心里做着各种比较。他终于在现代人无聊的喧嚣和渺小中找到了与人性空洞对抗的钥匙，一个可以让自己心灵寄托的场所和适合自己的位置。

刘强东这次回京，将再次开始他的创业之旅。放下行李，安顿好自己，他信步朝中关村走去。

以 12000 元开始的事业

刘强东是那种不甘寂寞、追求梦想的人，他骨子里的不安分，注定他的人生有许多精彩的故事。

从外企辞职后，刘强东走过了彷徨和忧伤，下定决心，从头创业。那个时候的他，打破了两个小猪罐，才凑足了 12000 元钱。

还是上大学的时候，他的梦想就在中关村。他常常来这里，晃荡着执拗、孤独的身躯。在有着“中国硅谷”之称的中关村，他看到了许多草根创业者脸上流着辛勤的汗水，搬着货物箱子穿行在摊位之间。这里有水货，有宰客，有诚信缺失等种种现象，却也有着“冒险者的天堂”之称，这一切强烈地吸引着他。

现在，他来了，他终于再次踏上了中关村的土地，义无反顾地创业来了。

这次不是来闲逛，而是作为普通小贩与这里息息相关，他要倾注全部心血，把根扎在这里，直到根须深入这块土地，然后，枝繁叶茂。

刘强东有豪气却不莽撞，脑子灵活也认真务实。他来到中关村后并不急于出手，而是每天在各个摊位前“闲逛”。他在了解、考察中关村的生意是怎么做的。看着一拨又一拨进货、拿货的人，听着这里发生的发财故事，他感觉自已找到了生命的归宿。

整整两个多月，刘强东天天在中关村流连，研究着瞬息万变的电子市场，他终于发现了一个微妙的秘密：中关村大部分商户都在炒货。他们的柜台上摆着各类 IT 产品，电脑、鼠标、网线、光盘，琳琅满目，应有尽有。然而这些只是用来吸引顾客的，他们的库房里根本没有现货！当顾客对样品询价时，商家会装模做样地讨价还价，确定客户有购买意向了，他们会偷偷地到其他柜台去找货，而客户以为他们去库房拿货了。这一现象，让天生就是做生意的“料”的刘强东找到了商机。

刘强东细致入微地算了一笔账，就是客户等待货的时间，一般都是 10 多分钟或者 20 多分钟，如果能够缩短顾客等待的时间，就可以抢到生意。他被自已的发现和想法刺激得兴奋起来。

经过两个多月的观察，刘强东对这里的电子产品买卖了如指掌。他洞悉了中关村买卖的秘密，他的商业理念和构想成熟了，他要扎扎实实地演练拳脚了。他兴奋地拿出仅有的 12000 元钱，骑着他的破二八自行车，来到中关村海沙市场租下了一个摊位，面积仅仅 3. 2 平米，月租金 2000 元，押一交一，这是中关村位置最不好、最便宜的店面。交完了 4000 元租金，他买了一台电脑，又印了一万张宣传单，然后，跑去一家光盘销售点进了 2300 元的货，又买了一台松下刻录机。做完这些他一数手里的钱，只剩下400元了。

1998年6月18日，他成功注册了“北京京东世纪商贸有限公司”，其实，这个“公司”只是一个不足4平方米的摊位。然而，这也是真正意义上的创业。金窝银窝，不如自己的草窝，他很满足地望着自己的摊位，觉得心里很踏实，再看着手里仅有的400元钱，摇了摇头，不叹气不气馁，张罗卖货去了。

晚上，几个同学聚餐，提到刘强东的创业之举，大家纷纷反对，说：“老刘，开餐厅惨败你忘了？生意不好做。你再陷进去，赔得就剩一条裤子了，咋办？”

还有的人说：“你就折腾吧！再赔24万，看你咋办？不如找个稳当点的工作。”

刘强东笑了，说：“如果你吃饭噎着了，从此你就不再吃饭了？诸位请放心，大不了再失败一次。”

聚餐后，他一个人回到出租屋，想起自己确实尝尽了创业的酸甜苦辣：大一时一贫如洗，后来靠抄写信封和卖书赚过点钱，到大三时殷实富裕，可毕业时却负债累累。商场无常，人生也无常啊。摇摇头，睡去。不过，他还没睡着，女友却来了，劈头就说：“你要在中关村摆摊？省省吧！”接着，女友要他考研，或者找份体面的工作。

刘强东说：“我已经想好了，从零做起，自己创业。大不了，再赔上这12000元。”

他的倔强让女朋友很生气，见说服不了他，起身走了。

万事开头难，头一脚难踢。刘强东看着他的摊子、他的货物，却在千难万难的创业中心潮澎湃，他早有准备，已将如何走出第一步规划好了。他摆摊的海沙市场一共有36个摊位，租出去的只有7个，客源少得可怜。他卖的是刻录机、压缩卡（把录像带转成VCD）和光盘。当时，中关村做同类生意的有十几家，年销售额上千万。他的京东真是太小了，小到让那些大公司不屑一顾。店铺虽小，却不见得毫无希望。不久，刘强东进的第一批货——松下刻录机卖了出去，毛利450元。

这是他淘到的"第一桶金"——不值一提的几百元。

最终赢得胜利的，往往是那个坚持的人。刘强东就是那个不放弃、做到底的人。

他的创业是艰难的，这里的摊位都租不出去，客源更少，在此摆摊的没有一个大学生，刘强东来了，他作为大学生，只为创业而来站柜台。

他租的摊位在二楼，客户很少上来，冷冷清清的。为了获得客源，刘强东做了写有"买刻录机到二楼"的横幅挂在一楼，他又印了宣传单，一个人拿到楼下发，风雨无阻，连续发了三个月。

当时，电脑还没有普及，买刻录机的基本上是企业客户，个人用户基本没有。中关村卖刻录机的商家都在犄角旮旯，只有刘强东一个人站在马路上发传单、打牌子。一些买家在楼下看到他，就跟着他上楼，他的刻录机打开了销路，卖得很好。渐渐地，刘强东有了固定客户，他的生意也开始好转。

他后来说："当初选择离开外企，去中关村创业的时候，真的就是抱着梦想，很大的梦想。如果为了钱的话，我可以选择出国，可以选择到大企业继续做。但我更愿意创业，我还是不喜欢被别人左右。"

创业初期，家人、朋友都不赞成，传来一片反对声，刘强东心里的压力很大。

那时，大学生在中关村站柜台是很丢人的事，因此，他不敢告诉父母亲，怕他们反对、担忧，家里只知道他在外企上班。刘强东的谎言随着母亲来京被彻底揭穿了。

那一天，他突然接到母亲的电话，说她已经在北京西客站了，让他过去接她。他高高兴兴地去了车站，接来母亲，却不敢告诉母亲自己在哪里工作。母亲住下来就发现刘强东不对劲，感觉他不在外企上班，就问他。他支吾过去。第二天，刘强东正在柜台卖货，母亲却突然出现在柜台前，刘强东惊呆了！

看见忙碌得一身尘土的他，母亲流泪了，她哽咽着说："我特别后悔的就是当初不该跟你爸爸出去创业，在你刚会走路的时候就送你到外婆家，现在想起来很后悔，当初，我应该带你。我没有教育好你，让你在中关村摆柜台，走下坡路，不走正道，走歪门邪道，做这种错误的事情。"母亲坚决要把他带回老家，刘强东坚决不跟母亲回去。他告诉母亲，他的选择没有错，他要坚持下去，就算没有人理解，他也要坚持下去。最后，他执拗地要求母亲，要她给他三年的时间，三年以后，如果没有起色，他就回老家去。在他的再三请求下，母亲默许了，她流着眼泪坐上回老家的火车；刘强东心里充满自责，觉得很对不起母亲。但他还是坚守自己的梦想，坚定地认为明天会更美好。

刘强东的女友是在校研究生，对刘强东摆柜台很不理解，多次劝他考研或者找个体面的工作。一天，她下课后，来到刘强东的柜台前坐了很久，看着他忙忙碌碌的样子，突然冒出一句话："难道你一辈子就这样生活下去吗？"

刘强东正在清点货物，就随口应和道："我不会一直站柜台的，我的柜台有一天会变成全国连锁店。”

女友没有被他的憧憬感动，问：“你为什么不能选择和我一起出国呢？你为什么不能再考研呢？”

刘强东敏感地察觉到女友的埋怨和不满，她对他的做法无法理解和接受。他们不欢而散。

他知道，女友的父母一直反对他们在一起，认为他作为外地人来北京创业，没有资金，没有技术，也没有靠山，是不能创造事业的。他们甚至认为刘强东是个只认钱的人，放着正道不走去创什么业，太没出息了。既然给不了女儿幸福，不如趁早分手。女友在父母的反对下，选择了分手。

刘强东失恋了。那一刻，他抹去脸上的泪水拼命干活，骑着那辆二八自行车亲自去送货，他要把自己的悲伤丢下，工作，再工作。

他一定要坚持自己选择的道路，走下去，走到底！

他把悲伤化作力量。他已经没有退路了。怀着至死不渝的信念，坚持走下去，他要向所有人证明，他有能力实现梦想。

做摊贩也要用脑子，要不时有新点子。刘强东做到了。为了多卖货，他从批发市场进了 20 款不同型号的刻录机，开始炒货。他雇了一个小伙子留在海沙市场，专门给别的柜台送货，保证任何一个柜台要刻录机都能在两分钟之内送到，如果做不到，愿赔 10 元钱。他说到做到，他的诚信和人品，赢得了客户，也赢得了其他柜台的信任，越来越多的店铺愿意和他合作。

他不甘心用和别人一样的价格去批发商那里拿货了，他要低价上货。批发商一看，80% 的产品都是他卖掉的，不得不和他合作。他讨价还价的能力越来越强，他的柜台生意越做越好。

到了年底，一算账，居然净赚了 30 万元。这在当时可是一笔巨款。

受到鼓舞的刘强东开始甩开膀子大干了。两年后，他的公司规模做到了 1000 万元，实现了自己的原始资本积累。而周围其他摊贩，每年只能赚到几十万元。1998 年到 2001 年，刘强东只用 3 年时间，就靠卖刻录机和光盘赚了 1200 万元。这惊人的成绩，足以显示他的不同凡响。紧接着，他搬到了北大资源楼西楼 12 层，从租第一间 18 平方米的办公室开始，业务规模迅速扩张。最后，他把整个 12 层都买了下来。那一年，他仅仅是一个 27 岁的小伙子。

紧接着，他又把重点放在企业管理上，他为自己的企业开发了 ERP（企业资源计划）系统，用来管理企业和掌握库存，甚至员工工资和奖金的发放都是通过这个系统实现的。有了这个系统，刘强东可以掌握每一款产品的详细信息：什么时间入库，采购员是谁，供应商是谁，造价多少，保质期多长，在哪个货架上，什么时候收到订单，由谁扫描，谁打包，谁发货，发到那个分库，哪个快递员发出，等等。

风雨之后见彩虹。刘强东坚定地走在自己创业的道路上，经历了各种波折和苦难，在他的努力下，他的公司由中关村的一个柜台迅速发展成为初具规模的连锁店，从一家到两家，最后，发展到 12 家，沈阳和广州也各开了一家店面，他雄心勃勃地开疆拓土，跑马圈地，把商场当成了真正意义上的战场，由直销商转变为零售商。

2

电商战场杀出一匹黑马

狄斯累利说：“人生成功的秘诀是当好机会来临时，立刻抓住它。”

歌德也说：“善于捕捉机会者为俊杰。”

人的一生充满了偶然和必然，机会稍纵即逝。成功与否就看你能否抓住机会。刘强东的传奇故事之所以精彩，就在于他在机会来临时抓住不放，并让它开出绚丽的梦想花朵。

从1998年开始创业到2001年，刘强东凭着自己的韧劲和独特的营销方法，以及“诚信、正品”的战略，使自己在中关村的小小柜台迅速发展成为当时中国最大的光磁产品代理商。然而，商场瞬息万变。2001年，中关村的整个利润开始下滑。此刻，面对迎面而来的销售困难，刘强东冷静得出奇，他丝丝入扣地分析了中关村电子产品的现实，做出了大胆的决定：经营IT产品，开连锁店！紧接着，他的连锁店遍地开花，迅速发展到12家，他的京东也成为中型公司，他从代理商转为零售商，个人财富突破了1000万元。他满怀豪情地筹划着将连锁店发展为18家，逐步扩张到全国。正当他雄心勃勃地准备大干一场的时候，一场意想不到的灾难来临了——“非典”瘟疫几乎把京东逼上死路。而京东的掌门人刘强东却来了个华丽转身，他像一匹黑马杀进电商领域，完成了新旧商业模式的对接，走向了电商之路。

“非典”把他逼上电商之路

君子藏器于身，待时而动。

正当刘强东在中关村跃马飞奔开拓疆土、连锁店即将开遍全国的时候，“非典”袭击了全国。原本车水马龙、熙熙攘攘、繁华喧嚣的中关村，变得冷冷清清、门可罗雀。刘强东所有的店铺客流急剧下降，几乎无人再光顾他的店，他再一次受到巨大的打击。他的IT产品跌价很快，最严重的一个月下跌了41%，而员工的工资、房租等所有的费用却必须支付。仅仅21天，他就亏损了800万元，约占他当时资金总额的三分之一。这么大损失对于刚刚起步的京东来说，是致命的。

刘强东算了一笔账：如果“非典”迟迟不结束，他的京东最多坚持半年。

刘强东和他的京东公司面临着生死考验。

刘强东心急如焚，万般无奈中，他首先想到员工的安全，他果断下了决心，给全体员工放假一个月，并购买了两“金杯”车方便面、火腿肠和矿泉水，发放给员工们，以躲避“非典”疫情。而他自己面对几百万元的库存产品愁肠百结，这些产品都是他用钱买下来的，如果卖不出去，所有损失都由他来承担，他感觉自己正从云端跌落进谷底，万劫之难正降临到他的头上。

他的腰被“非典”狠狠地撞着了。他遇到了前所未有的大难题。

老子说：“祸兮福之所倚，福兮祸之所伏。”如何从困境中走出来呢？突如其来的“非典”疫情如此残酷，竟然把一点准备都没有的刘强东和他日渐繁荣的京东公司逼上了死路！

怎么办？难道就没有回天之力了吗？

刘强东问天天不语，问地地不灵。

他踉踉跄跄地走到十字路口上了。他每天都在问自己，疫情造成实体店关闭，库存的货物怎样才能卖出去呢？他面临着人生最艰难的选择。

“必须把积压的货物卖出去！否则，企业就撑不下去了。”几个副总也焦急地对他说。

面对巨大的压力，刘强东整夜整夜地失眠。

一个个不眠之夜，他在自己的办公室里，徘徊，徘徊，再徘徊。那啪嗒啪嗒的脚步声，声声叩击着他的心。路在哪里？如何才能把积压的货物卖出去呢？他绞尽了脑汁。

真正的强者不是没有眼泪的人，而是含着眼泪奔跑的人。

那是一个无月也无风的夜晚，他依然徘徊在无尽的愁绪之中。突然，他停住脚步，稍顿一下，快步走向办公桌，打开电脑，网上商店呈现在眼前。他的眼睛一亮，一个绝妙的主意形成了：通过网络将积压的产品销售出去！他立即打电话给公司的几个副总，大家都很兴奋，几个人来到办公室，开始商量如何上网销售产品。

在痛苦的抉择中，刘强东敏锐的洞察力告诉他，必须把目光聚焦在互联网催生的新商业模式——电子商务上。

谢天谢地，危难中，他终于找到了走出困境的那把无与伦比的金钥匙。

可是，新问题出现了，刘强东和他的高管们都不太熟悉网络，大家从未进过淘宝、当当等网上商城。刘强东更是网盲一个，只知道聊天用 QQ，其他一无所知。

刘强东彪悍的性格告诉他，越是困难，越不能退缩，只能前进！找到了销售库存货物的路子就好，不懂可以学，可以问，没什么了不起的。世界上就没有解决不了的难题。他刀剑出鞘，血涌上脸膛，准备大干一场了。

那是个刮着大风的上午，北京的天空有些灰蒙蒙的，京东公司也空荡荡、冷清清的。异常冷清的公司会议室里，流动着一种令人压抑的悲怆气息。刘强东正在和公司各部门经理闭门商量对策。看见大家垂头丧气的样子，刘强东满怀信心地说："既然'非典'造成人们不愿意到实体店交易，那么，京东要把仓库中所有的货物卖出去，唯一的办法就是网络销售。这是走出困境的出路。"

他的一席话点醒了梦中人，办公室里活跃起来，大家纷纷发表意见，一致同意他的提议：网络销售！

正是这一决定，造就了新商业模式下的明星——刘强东。

刘强东终于在"山重水复疑无路"时，看见了"柳暗花明又一村"。

他在最不幸时挺进了电子商务，偶然走进了 B2C 电商行业。

从此，他站在新的巅峰，以他的睿智和勇气，发挥他的经营才华，傲视着前辈同行。

中国的电子商务领域终于杀出了一匹俊美矫健的黑马！他昂首嘶鸣，奋蹄前行了。

这个时候的刘强东，连 BBS 是什么都不知道，更不知道什么是 8848 网站。因“非典”陷入低谷的他，就这样懵懵懂懂地走进了这条新的商业模式之路，他打定主意再“赌”一把。

有人说，刘强东之所以成功，是因为他善于“赌”，疯狂地“赌”。他究竟“赌”什么呢？他“赌”的是青春，“赌”的是爱情，“赌”的是智慧，“赌”的是理性，“赌”的是深思熟虑，“赌”的是勇敢、坚定和一往无前。

他的大智大勇，他的善于抓住瞬息万变的机会的才华，使他和他的京东终于找到了一条更加长远的生存之路。从此，有了他电商之王跌宕起伏的精彩故事。

进入电子商务，是走独立平台的发展道路，还是在当时控制了 80% 电子商务的 eBay 易趣上建个店铺？京东内部发生激烈的争论，大部分公司高管建议到 eBay 易趣开店，这样不需要买服务器，不需要编程序，开个店就可以赚钱。

刘强东有自己的想法，他坚持走独立平台的发展模式。他说他不愿意受别人的约束，希望能够独立地通过电子商务做出一番事业来。虽然做独立的电商平台压力会非常大，但可以积累自己的客户。他耐心地说服同事们：绝境中求生存要走自己的发展之路。

他的想法得到大家的认同。说干就干。刘强东亲自跑去电信公司申请安装了 ADSL，发动员工疯狂上网发帖子，加 QQ 好友，疯狂地介绍、推销公司网站。这个时候的刘强东还没有听说过当当，更不知有卓越，甚至也没有听说过电商开山者8848，就是在如此“无知”的情况下，他竟杀向电子商务。

那时的京东，大家齐心协力，凡是有电脑的员工都夜以继日地在论坛上发帖子，公司产品得到了很好的宣传和推销。刘强东则亲自上网和员工们一起在硬件论坛上发帖子，穿梭于各大网站，想尽一切办法推销产品。

刘强东尝到了互联网的甜头。

这个时候，当当网现金流量形势非常好，李国庆引入国际著名投资机构老虎基金成为第三大股东，当当网资金充足，继续推行抢占市场占有率的策略。与此同时，马云在确立了B2B市场的领先地位后，突然杀入C2C市场，创建了淘宝网，挑战eBay易趣。淘宝网与eBay易趣的较量，是电子商务网站间爆发的第一场大战，最终改变了中国电子商务市场的格局。而他们各自运用的攻击、宣传手段，被后来其他互联网企业学习、借鉴和运用。

京东与最早进入电商领域的大佬们无法相比。它不但起步晚，公司规模也不可比。刘强东没有气馁，没有止步，他勇敢坚韧地迎上去，克服重重困难，突破对手们的重重围剿，杀出一条血路。

俗话说，万事开头难。刘强东的网络销售在刚开始的时候非常艰难，折腾了好几天，也就做成十几单生意，发的含有广告内容的帖子常常被网站管理员删除；因为要求先打款后发货，他被骂成骗子。面对种种困难和不顺，刘强东没有退缩，他制定“正品、低价、周到服务”的网络营销策略，一步步地赢得了客户，逐步打开了销路，业务量逐步上升，甚至超过了他的线下实体店。

为了增加网上订货量，刘强东几乎每天都在网上。一次，他进入了一个论坛发帖子，竟然有人力挺他和他的京东，他既感动又惊讶，问了原因。原来，力挺他的人买过京东的货，这些人自愿义务宣传京东的产品和服务。京东的口碑在关键时刻起到了很大的作用。刘强东在感慨和激动中更加坚定了“客户第一、服务优质”的商业原则。不久，他就喜见新局面，有人开始在他的网站上做团购，慢慢地，团购越来越多，刘强东渐渐地打开了网络销售局面。在论坛上的经营渐具规模，因“非典”积压的货物也全部卖出去了。季底核算表明，京东在网上的销售略有盈余。

2003 年 6 月底，“非典”得到控制，中关村又渐渐地恢复了先前的热闹繁华，京东的店面业务也渐渐恢复正常。刘强东左思右想，没敢贸然实施以前早已规划好的再建六家连锁店的扩张计划，对于网店和实体店，他也采取线上线下并行的做法，两者兼顾。

京东形势一片大好。

刘强东凭着初生牛犊不怕虎的精神，在“非典”的逼迫下，做出了重要决定，一脚迈进一个完全陌生的领域——电子商务。

在新的商业模式中，他从不懂到娴熟地应付所有电子销售，这个过程，有辛酸，也有探索；有不解，也有收获。在他不断地探索中，京东的电子商务才渐渐地发展和完善起来。

说起来，有些事情还真有点戏剧性。就是这接连发生的两个戏剧性的故事，给了刘东强新的启示。

那是京东的 BBC 论坛刚刚开通三天。早上，刘强东满怀信心地来到公司办公室，打开电脑，准备浏览公司网页，进入论坛后，眼前的情景吓了他一跳。电脑屏幕上只有“京东网管是个大白痴”这九个红色大字。他愣住了，京东的工作人员也惊呆了，纷纷议论起来。刘强东明白，他的论坛被黑客攻击了。他赶紧安排人去机房检修。几个小时后，通过服务器升级，网上论坛终于恢复正常。谁会想到，刚刚松了口气，意想不到的事情又发生了。20分钟后，刘强东刷新了网页，发现首页被换，白纸黑字还是那几个字："京东网管还是个大白痴！"在网页最下面还有一行小字："这是我见过的最牛B的服务器"。一股怒火从刘强东的心里升起。他知道，仅仅靠京东的技术人员是解决不了黑客袭击事件了。他压住怒火，思索着究竟找谁帮助他呢？突然，一个客户的名字出现在他的脑海里，这是一位镇江的客户，名叫吴江。刘强东在和吴江的接触中，得知吴江在上海的大哥有个技术联盟，技术很棒。他赶紧给吴江打电话，吴江了解情况后让刘强东等消息。挂断电话后过了几十分钟，论坛主页恢复正常了。吴江告诉刘强东，他们的服务器安装的是Windows2000最原始的版本，没有打SP补丁，漏洞百出，还有1700个病毒，随便一个黑客初学者都能轻松攻破。难怪黑客肆无忌惮地攻击他、嘲笑他！

紧接着是送货的问题。刘强东刚踏进电子商务领域时，京东连一辆像样的货车都没有，他只好把自己的老款红旗车给员工配送货物。当时，京东副总裁孙加明每天一大早就开着这辆车去中关村接两名进货的员工，把进回来的货物放进狭小的车内，拉回公司。这样的日子持续了一年多。

这两件事情发生之后，刘强东敏锐地感到："对于一个零售商而言，真正的核心竞争力在于后端的支撑能力，而并非前端的到达能力。"他开始摸索网络销售技术，重点研究后端系统，摸着石头过河，初步建立信息系统和物流仓储系统。

网络销售很不易，困难一个接着一个考验着刘强东。他感到，要做成一件事，就得像西游记里去西天取经的孙悟空，得经过九九八十一难！网络销售产品，最重要的就是货源。刚起步的京东规模较小，很多厂家并不重视京东。为了进到货物，刘强东和他的员工常常费尽口舌，阐述自己公司的优势。副总裁孙加明印象最深的是，每攻下一家厂商，刘强东都要亲自出马，和他一起费尽口舌，说服供应商，然后，又不厌其凡地向对方讲与京东合作的好处。在这个过程中，刘强东深深地感到，供货商对一个电子商务企业是多么重要。

刘强东下大力气打造了优质的后端支撑，成就了强有力的前端产品。然后，他就开始了和供货商漫长的拉锯式的“战争”。

那段日子，刘强东繁忙而愉快，他把所有的精力都用在工作上，用在京东发展蓝图的规划上。

从 2003 年 6 月到年底，只用半年时间，京东的网上订单就超过了 1000 单，最多的时候，一天就有 35 个订单，超过线下实体店，一名员工已经处理不了网上业务了。刘强东大胆聘用员工，开发京东程序，增加网上业务力量。

这一年，是个大丰收年，京东网上销售已经达到了 1000 万元。

初涉电商领域，聪明绝顶的刘强东抓住后端支撑和供货商这个“牛鼻子”，打了一个漂亮的翻身仗！

刘强东亲眼见到了网络的神奇和网络销售的好处，他开始关注并如饥似渴地学习、研究网上销售的策略，他研究网上开店的所有资料，研究了当时互联网发展比较成熟的美国和它的几个网站。亚马逊和 eBay 易趣等网站的成熟经验让他大开眼界。系统地学习使他看到了网络销售的前景，他下定了京东做网络销售的决心，开始准备建自己的服务器和网站。他要打造优质后端支撑，为成就前端产品奠定坚实的基础，他要开辟一个前景更为广阔的新战场。

他在不经意间，成为中国电子商务发展史上不可或缺的重量级人物。

京东正式上线

2004 年 1 月 1 日的北京，天气寒冷，大街上人们行迹匆匆，京东公司却热闹非凡、气氛高涨。刘强东带领他的员工马不停蹄地工作着。大家心里有团火在燃烧，这个非凡的日子究竟又有怎么样的故事发生呢？

这一天，京东正式上线了！对于刘强东来说，这是他正式进入电子商务领域的里程碑！

为了聚集人气，吸引网民来京东的网站注册，同年 7 月，京东在全国电子商务领域首创的即时拍卖系统——京东拍卖场上线。

这次上线的产品有 98 种，都是京东最有竞争力的产品。公司上下都非常熟悉，包括说明书、产品渠道、产品供货方、产品采购、配送仓储以及对产品的理解等。为了打消网购者的顾虑，刘强东亲自导演了一段视频广告放在网站首页。京东承诺：如果在京东购买的笔记本电脑在运输过程中出现损害，京东全额赔偿。由此，京东的笔记本电脑销量迅速取得突破。

京东拍卖场设计理念相当精巧，创意非凡。刘强东也着实下了一番功夫。

他不是仅仅把商品的照片上传到网页上，而是将线下拍卖搬到网络上，其规则完全不同于 eBay 易趣和淘宝网，而是规定限时 1

至2个小时之内，京东拍卖场在首页显著位置上挂出拍卖特价商品的信息，顾客可以参与举牌拍卖，京东会把拍卖价格随机一点点往下降，最后，在限时结束时举牌者获得这个商品。这一活动，吸引了很多逛京东网站的客户，刺激了那些没有拍到宝贝的顾客，他们会定期来京东寻宝。这一举措，无疑扩大了网上客户队伍。

人们不禁要问，刘强东这么做，不是赔本的买卖吗？

其实不然。京东拍卖的东西首先数量有限，而且价格也不是特别贵，有些可能是不流行的库存货。不过，有时为了吸引更多顾客，他们也拿新产品吊顾客的胃口。总的算来，拍卖亏些钱，但吸引了来参与拍卖场的顾客购买其他商品，实际上，京东还是赚了。

由此可见，聪明的刘强东每走一步，都是精心设计的。

刘强东让技术人员定期统计独立IP信息，结果发现，参加拍卖的IP中，竟然有67%还留在京东，并经常来访，购买货物。他的销售战略成功了！

这种销售模式，精明的刘强东使用了半年，京东火了！

经过一段时间的努力，京东的客户队伍稳步扩张。京东为了抓住客户，在此后的日子做出规定：每年的6月18日，京东都会搞拍卖活动。统计数据显示，82%的老客户都会在这一天逛京东网上商城。拍卖已经成为京东的特色模式。

为了聚集更多客户，京东做了许多工作。

京东刚上线时，产品页面上只有很简单的图片、文字、报价等最基本的信息。刘强东发现网上很多客户投诉京东商品价格过高，说其他地方的价格低。他没有生气，根据客户意见，开辟了电子商务平台中第一家“我要举报”栏目。通过这个栏目，京东节省搜寻价格信息的时间，增强了价格竞争力，而客户则得到了更多实惠。

刘强东还建立了自己的摄影棚，聘请专业全职摄影师，精心制作网上商品图片，并推出了“网上晒单”的互动功能，和客户分享。许多客户非常喜欢，虽然照片并不专业，但是，非常真实，客户认可。从此，与实物不符的投诉减少80%左右。

刘强东还别出心裁地建立了网上“产品评价区”和“官方留言区”，安排了30多个员工专门负责回复客户的咨询信息，客户还可以跟帖，表达自己的意见或者建议。

对于客户的留言，不管内容如何，一律不删除。特别是对骂京东的留言，刘强东不但不删除，还认真地回复。他认为，京东作为商家，连客户的不满意见都要删除，那未免太小气了。客户不满，跑到京东的网站发表帖子，无非是要京东更好，客户不来留言反而可怕，那说明，京东失去了一个客户。

夜深了，北京城从喧嚣中静了下来，人们都睡熟了，连高耸的建筑物都睡成了轮廓。刘强东还在网上回复客户的帖子，电脑屏幕的光芒照在他不知疲倦的脸上，显得他那样的精神和洒脱。敬业的他，每睡两个小时就会醒来，他用十分钟的时间回复客户的帖子，然后，继续睡觉。有时，都凌晨4点了，网民们还能看见刘强东在回复帖子。有的网民早上起来，上京东网一看，刘强东还在发帖子。他们哪里知道，刘强东是在边睡觉边发帖子呢？

2004年，刘强东大部分时间都泡在网上和客户互动，他和2700多名注册客户都很熟。他愿意京东很平民地拉近和客户的距离。

刘强东说过一句耐人寻味的话：“一切都是一种偶然。要是当时我们逼着员工去开店，也不会想着要做电子商务。”

从这段话里，不难看出，刘强东在刚进入电子商务时，是不自觉的，只是将网上业务作为公司的部分业务，而不是作为公司的全部业务，更没有把电子商务作为京东的一种战略去考虑。他只是想通过网络宣传来促进店面的销售。那个时候的他，对于电子商务还是“三心二意”的。然而，这种“三心二意”的初衷却因被电子商务的大潮所裹挟而改变，成就了电商之王的梦想。

京东网站上线后，一直是线上线下业务并行发展。

刘强东不放弃线下实体店，一直在研究两种零售商业模式到底哪个更好，更适合京东。他发现了一个秘密，就是100多年来，全世界的商业零售史，不论是集贸市场，还是进化到大卖场、连锁店，每一种商业模式创新，都围绕着两条主线：提升效率，压低成本。他开始在提高效率和降低成本方面下力气。

这一年，他带领50名员工完成了3000万元的销售额，电子商务的销售额只占实体店的三分之一。线下实体店的光磁产品利润率极高，占了总销售额的大部分。刘强东采取的是薄利多销的策略。他说：“一张光盘，普通店面卖3元，拿了40%～50%毛利，我们卖2元也能够挣几个点的利润。”

这个时候，刘强东还是被互联网的神奇效应吸引住了。他感到了电子商务发展的迅速，他的京东要线上线下一起做。他必须尽快熟悉电子商务。从此，他大部分时间都泡在网上，和京东最初的注册用户互动。他曾说：“一个连自己的用户都不能拥有的电子商务公司是很悲哀的。”据说，这句话当时很是刺激淘宝店主。

刘强东和客户在网上沟通的同时，他还仔细研究了京东电子商务销售额的月度环比增长线，他的敏锐神经被促动了。一年后，他发现了一个不争的事实：2004 年的 12 个月里，京东的实体店贡献了大部分销售额，网上业务几乎不赚钱，但线下业务只增长了不到 15%，而网络业务的月增长率却达到了 26%。这可是个惊人的速度。刘强东又一次被促动了。

2004 年底，在这寒冷的冬季，刘强东在他那张宽大的办公桌前，开始思考一个严肃的问题：京东是继续原有的战略做线下连锁店，还是放弃线下连锁店，专心做网络销售？

这个时候，中国电子商务市场发展的基础条件已经完备：第三方物流发展迅速，邮政、快递公司在全国范围内建立了比较广泛的物流网络；网上支付和个人信用基础数据库联网运行，商业银行创新和第三方网上支付工具获得发展。这些在中国网络购物的发展过程中起到了实质性的支撑作用。

这一切刘强东都看在眼里，他的心，跃跃欲试。他思考的时候，还是喜欢在办公室里徘徊。他该何去何从？如何选择？他想知道，如果关闭线下实体店，网上销售能做得顺风顺水吗？如果不尽人意，或者失败了，又该怎么办？他能够颠覆传统的商业模式与格局吗？

刘强东在京东发展的十字路口徘徊。他是个理性的人，什么事情不想好了，他不会做。

他不时地举起手中的棋子，望着京东发展的大棋局，犹疑不定，他思考着：放弃线下实体店，这个棋子该放下吗？

关掉京东所有实体店

刘强东在京东刚刚从“非典”劫难中恢复过来、形势一片大好的情况下，却做出了关闭实体店、专做网店的决定！

一石激起千层浪。这一大胆的决定，如同炸雷在京东内部炸响，引起内部的巨大争议。

高管们都认为，线下实体店比线上挣钱，关掉太可惜了！高管们几乎没有人认为线上和线下有什么冲突，线下实体店规模大，线上网店速度快，完全可以并驾齐驱，同时运作，没有必要放弃线下实体店。

刘强东却认为："一个人不可能同时做好两件事。一个公司的核心能力也只有一点。"他清醒地认识到，京东还是小公司，一定要把所有的精力集中到一点，才能获得竞争力，分散用力只能找死，只做一件事，才有可能得到发展。

在机遇和危机面前，他必须做出选择。他开始劝说他的高管们："虽然百货商场的毛利高达50%，而沃尔玛只有15%。但沃尔玛的价值却比百货商场高许多，就是因为沃尔玛的成本更低，效率更高，他不需要50%的毛利，只要15%就能赚钱。"他的分析告诉大家，高毛利对零售来说是没有意义的，做零售比拼的是运营效率和成本。如果每个商家都在追求40%、50%的毛利率，商业模式就不会进化，也不会给消费者带来价值。

电子商务比连锁店模式成本更低，效率更高。所以，他下定决心，关掉连锁店，专门做电子商务。

这个时候国内电子商务发展迅猛。京东上线仅仅八个月，美国B2C大鳄亚马逊就杀进中国，以超过7000万美元的价格收购了雷军创办的卓越网。而卓越在北京、上海和广州有三个订单处理中心，还有一个由30家配送中心组成的配送网络；当当网在全国38个城市开通了"送货上门，货到付款"的服务。而这个时候的京东却还在通过邮局快递包裹，客户要半个月左右才能收到货物。其落后的配送方式，制约着京东的发展。

落后就得思变。墨守成规，只能找死。现实告诉刘强东，不论是外界环境，还是电子商务本身，都具备了非常好的竞争环境，电子商务已经十分繁荣，大有“商葩翼翼，四方之极”之势。

当时，连锁模式在中国仍处于高速发展阶段，黄光裕因为国美上市成了中国首富。但是，此时的刘强东认识到了差距，他认为，电子商务这一新兴的商业模式，有着“低成本、高效率”的特点，这一点优于传统商业模式。最终，他说服了公司高管，决定再“赌”一把，放弃连锁店，专营网上店。他要集中精力大打歼灭战。他知道只有把资源集中在一点上，才能在残酷激烈的竞争中站稳脚跟。2004 年底，刘强东做出了决定，关闭他呕心沥血建立的 12 家连锁店，集中所有力量和资源，专做电子商务！

刘强东凭着六年打拼积攒的 2000 万元，“豪赌”一样地把他手中的那颗棋子重重地放了下去，他的商业大格局重新设计结构。紧接着，他利用半年的时间关闭了为京东提供 95% 利润的 12 家线下连锁店，专营只占 5% 利润的网上商城，和他持有不同意见的员工们都为他捏了一把汗，以为他真的疯了。

那个时候，刘强东感觉压力特别大，以至于夜不能寐。为了释放压力，他一个人开着越野车，到沙漠上去奔驰。他说：“穿越沙漠，你也许会见到最壮丽的朝阳。”

今天，他当年大胆的决定，已经得到验证，没有他当年的“豪赌”，就没有今天中国电子商务领域第一个实现千亿元级规模的京东！

当年的京东规模还很小，他若不集中精力专攻电子商务，是不可能有今天的电子商务规模的。

刘强东说："那时候，我是敢赌，因为我能够把企业看得更长远。"不难看出，他"赌"的是智慧，是才华，是高瞻远瞩的战略眼光。

刘强东冒着巨大的风险，挑战传统商业模式，走向了电商之路。当他望着京东的财务数据，他绷紧的神经稍微放松了。事实证明，他的决定是正确的。2005 年底，京东的线上收入比 2004 年增长 200%，这种增长速度，预示着京东会在未来看到那轮最壮丽的朝阳。

2005 年，中国电子商务市场发展的基础条件进一步完善，刘强东抓住机会，以"正品、低价"为旗帜，京东的规模获得了爆炸式的增长。京东前程似锦。它像一匹黑马，冲出对手的重重围剿和自身发展的窒碍，在炙手可热的的电商领域，如鱼得水，昂首嘶鸣着奔向前方。

"他日若遂凌云志，敢笑黄巢不丈夫。"这就是一代电商之王的胆略和气魄。

3

杀出如云敌手的围剿

2011 年，央视“中国经济年度人物”的颁奖词这样描述刘强东：刘强东执掌的京东用“低成本和高效率”证明电子商务企业有能力在给消费者带来低价的同时，让品牌厂商获取合理利润，这促进了整个产业的良性发展，给产业链带来了价值。

当初，刘强东挑战传统商业模式，杀向互联网时，客户不过 36 人，而他们却口口相传，仅仅靠用户的口碑，营造了京东的小名气。刘强东打定主意，关闭了实体店后，全心全意地扑到网络上，走上了纯粹的电子商务之路。在“正品、低价”的旗帜下，苦心经营，在与对手的价格战中，打通采购渠道，捍卫零售精神。京东一点点占有了市场份额，并大幅度增长。

京东在无痕的岁月里，用低价策略以及诚信和良好的服务，树立了良好的口碑，黏住客户。京东的牌子打出去了，并大步向前，创造了今天的辉煌。

京东的对手们面对其快速增长，震惊了！他们不得不重新调整策略，高度重视这个以前他们从没放在眼里的对手。

将低价进行到底

刘强东天生就是一个敢于博弈的商业天才，杀进互联网后，面对万花筒般的电子商务和全新的商业模式，他曾无数次在不眠之夜仰望星空，心里盘算着没有雄厚的资金，没有实体店，京东怎么活下去？京东的战略是什么？怎样降低成本、取得更大的收益？如何将京东做大做强？

他和公司高管们商议，决定利用“低价”策略扩大经营规模，迅速占领市场份额。

低价是电商的生命，也是电商和传统行业博弈的唯一手段。从2003年开始，京东就开始价格博弈，你国美卖1000元的货，我京东只卖800元。这样，京东吸引了大批客户，一个人买了京东的东西，他的家人朋友都会来买。客户群扩大了，还愁货卖的少吗？

他想方设法地黏住客户，走货量越来越大，京东“低价”的商业模式也越玩越顺手。

他终于找到了成功的秘籍：“低价”。这是京东存活的唯一手段！

在电商界强敌如云的形势下，刘强东拿出了他的“杀手锏”。

刘强东认为，价格战是电商的生命，京东的价格如果高于对手，京东就活不过一年。

他的判断清晰、理智，他一眼看穿事物的本质，使京东从众多电子商务公司中脱颖而出。

京东的低价策略无疑动了别人的奶酪，不可避免地遭遇了众多厂商和经销商的抗议、打压和断货。面对压力，刘强东绝不退缩，坚持低价不动摇，最终力挽狂澜，稳坐钓鱼台。

那是2008年11月14日，京东以3099元的低价销售明基的一款投影仪，这个价格比明基的官方报价至少低500元。明基反对这一销售行为，矛头直指京东，并发表了措辞激烈的声明：个别企业以3099元的非正常低价销售明基的投影仪产品，明基不保证为原厂正货，不保证核心零件为原厂生产，不保证提供正规质保服务，明基绝不允许不法分子以任何方式损害品牌声誉。

刘强东得知这一消息，微微一笑，他的剑再次出鞘！他立即指示下属，把明基投影仪的价格降到2999元，然后，一降再降，最低时降至2873元。他的毫不示弱，引来一片骂声，凡客的陈年就曾骂他："下流，下作。"以此来炮轰京东的价格战。

在京东的成长历程中，发生过多少次这样的事件？恐怕每个京东人心里都有数。

京东在非议和谩骂中成长。

刘强东至今还记得，京东遭受日本一家光磁生产商TDK渠道商围攻的那一幕：那一年京东TDK的销量达到了一万张，比国内任何一家代理商的数量都大。京东在TDK的出厂价上所加的10%的利润比传统代理商的30%少很多。这些代理商联合起来，指责京东扰乱了市场秩序，侵犯了他们的利益。于是，2006年全国代理商一致要求厂家停止向京东供货。类似的事情，还有10多起。刘强东不得不寻找其他供货方式。

2006年，京东的单月销售额突破了1000万，人们在诧异中不解，竟然怀疑京东的货有假。一时间，网络上对京东的谩骂和谣言铺天盖地，甚至有人指责京东的产品是假货，不然不会卖这么低的价格；一些传统销售商还质疑商城的产品是跨区串货，没有售后服务和质保，甚至有人接连去工商局举报京东，当然，工商局到京东查假货无果。

京东一时间成为行业的众矢之的。

刘强东冷静地站在他的经营高度看待这一切，“任凭风浪起，稳坐钓鱼台。”

他认为，京东的做法不可避免地会给行业带来很大的冲击。辱骂、排挤、排斥都是解决不了问题的，唯一的办法，就是比京东做得更好，比的还是用户。他就像一个价格斗士，带领他的京东在电子商务领域大展拳脚。

想当年，当他在中关村浴血奋战的时候；当他顶着烈日站在马路上发广告的时候；当他亲自骑着那辆半旧二八自行车，迎着北京呼啦啦的大风或者灼烤的烈日送货的时候；当他站在中关村的三米柜台前炒货的时候，他已经对电子零售行业的利润了如指掌了。

经历就是财富，他艰苦的创业经历，让他对成本、效率以及商品的价格非常敏感，他的经营理念成熟了。

刘强东作为中国典型的商人，深谙中国 B2C 电子商务的发展之道，无论怎么炫耀，电子商务无非就是做零售，而零售最首要的问题，就是保持“低价”。你的价格低就能够留住消费者，否则，消费者就不会买你的账。

那段日子，刘强东和他的公司高管们仔细研究了电子商务时代公司该何去何从这一问题。他说：“低价将是我们始终坚持的策略，将来无论京东做多大，都将会把最实惠的价格带给用户。”他的意见，高管们一致赞成。

京东还提出了一个口号：“将低价进行到底。”

作为京东的掌门人，刘强东看到了“低价”对于电子商务的特殊意义。

刘强东曾非常崇拜“红顶商人”胡雪岩。胡雪岩靠着自己的政、经人脉，建立了富可敌国的产业。然而，他却没有创造独特的价值。刘强东没有胡雪岩的政、经人脉，没有靠关系带来的利益，只靠自己一搏。在电子商务领域，刘强东比教师出身的马云、学者出身的李国庆更敏感于利益的博弈，京东和淘宝以及当当在商业模式上的差异显而易见。

实际上，京东在刘强东的“低价”战略中高速运转着，在强悍的利益博弈中冲击着电子商务领域。当当网和卓越的图书卖得很好，刘强东把图书价格压低，每本便宜10%，而这样的压价是赔钱的。刘强东有“即使烧钱，也要赢了价格战”的胆略。可以说，京东从创立到现在，采取的一直是价格战略。

正是靠着“低价”模式，京东的竞争力提升了，威慑力大了，对高价的同行不能不说是致命的打击。电子商务同行们在唏嘘气愤之余，给刘强东起了个“价格屠夫”的绰号。刘强东的眉头皱紧了，他调侃道：“说实话，‘价格屠夫’这个词我一直觉得特别难听，如果非要有个称号的话，能不能叫‘价格斗士’？这好听多了。”

京东的“低价”战略是致命的，占领了市场份额，就等于抢走了别人的饭碗，动了他人的奶酪。京东追求的是商品价格永远比对手的低。这一战略延续至今，一路坎坷，可想而知，来自厂商、代理商和同行们的阻力有多大。有的同行恨得直咬牙，甚至在网上发帖子打听刘强东的住址，扬言要把他砍了。还有的渠道商向品牌商施加压力，要求封杀京东，有段日子，竟然有六、七家跨国公司拒绝向京东供货，一时间，风雨如磐。刘强东不得不到处寻找货源。在同行们对低价模式的敌对情绪中，有的厂家觉得受到了威胁，开始封杀京东。然而，他们不仅没有堵住京东的货源，京东的价格反而更低了，无奈之下，厂家只得臣服，与京东合作。这个时候的刘强东，像个披盔戴甲的斗士，越战越勇，他自傲地说："实际上，合作之后，他们往往受益于京东供应链的高效，并进一步加强合作。"

创新科技是国际著名声卡品牌企业，一度曾经严禁其渠道商给京东供货。后来一看，根本就堵不住京东的货源。该公司高管感叹："公司认识到网络销售是大势所趋。"

2008 年初，创新科技主动向京东递橄榄枝，开始和京东合作。之后，该家公司就惊喜地看到，产品在京东的销量大约占全国总销量的 6% 。有时一天的销量甚至相当于北京所有传统渠道的总和。创新科技尝到了京东网络销售的甜头，来了个 180 度大转弯，专门为京东定制某款特价产品，并有专人负责京东的网上业务。

创新科技的产品在京东的发展证明刘强东的决策是正确的。

刘强东的道理很简单，他希望利用低价模式来吸引客户，大家都知道网购便宜了，都到网上来买，由此产生的规模效应是难以估量的。他说："我们也会不断地给企业打电话，说'你堵了半年价格反而更低了，为什么?'刚开始人家不愿意搭理我们，但半年之后发现堵不住货源，我们的价格会更低，确实是焦头烂额，那只能合作，但合作之后往往都觉得很好，就越来越紧密了。其实，大部分产品都经历了这个过程。”

刘强东步步为营，利用新商业模式颠覆旧商业模式，有什么秘密武器能够将低价格策略进行到底呢？他说：“我们的价格确实很便宜，这对行业形成了比较大的冲击，但京东公司不是为了去扰乱这个行业而低价销售，这种价格是基于我们的管理模式，结合超低成本技术而得到的。”

支撑京东低价策略的有三点：

首先是薄利多销。他曾说过，毛利率对零售业没有意义，京东立足微利牢牢把握住价格战略，提升效率，降低成本。京东作为网上商城，与实体店面比，没有店面租金、水电、陈列品折旧，也不需要庞大的销售人员，因此，京东的成本消耗只有个位数，而传统的实体连锁店的费用率一般维持在11%至12%之间，对于传统的销售渠道，京东至少要低10%。由此可见京东的价格优势。他说：“虽然京东比国美和苏宁小很多，但是只要我的成本能永远比它低，周转率永远比它快，我就不用怕。”正是他找到了成本与利润间的平衡点，将“低价”进行到底才成为可能，他立于不败之地就不奇怪了。

其次，京东的价格战略之所以能够坚持下去，就在于它的高效管理。京东的背后支持系统在实施“低价”战略上起到了不可估量的作用，效率高，成本低，才有低价策略实施的可能。

再次，就是刘强东的“以客户挟供应商”，这一招可以说是他成功的法宝。他说：“我有这么多终端客户，而且以每年三倍多的速度增长，有用户就有销量，就不愁找不到供应商，我们的低价虽然对传统渠道有冲击，但他们也有出货量的压力，因为有量才有返点，所以，只要能卖掉，有时候他们不赚钱都愿意给我供货。”

一个好的商业模式，必须让利益相关者都得到满足。刘强东和他的京东正是基于这个原则追求企业发展的。

2012 年，新年过后，当当的李国庆就公开宣称：京东撑不过 10 个月。当业内人士都在怀疑京东资金不足难以维持的时候，刘强东却出人意料地再次高调掀起 B2C 电商价格大战，这是一场极其惨烈的价格之战。6 月 18 日，正逢京东店庆。刘强东以此为名发起“让利 10 亿”大促销活动，他的胆略和气魄又一次为人们所仰视。一石激起千层浪。天猫、苏宁易购等数家电商群起而攻之。一时间，电商领域战马嘶鸣，刀枪剑戟银光闪闪。刘强东稳稳地坐在他宽大的办公桌前，运筹帷幄，指挥着他的京东杀向战场。他十分有把握地说：“价格战成败的关键取决于如何去打。要打出技术含量，就要保障成本和运营效率，保障资金回报、库存更好地流转。”

刘强东的价格战有着怎样的目的呢？

其实，促销只是表面现象，占有市场份额才是其真实目的。刘强东在这场价格战中节省了大量广告费用，起到了巨大的宣传作用，真是一步好棋！此后，京东不断发动价格战，刘强东坦言：“其实，我们并不追求一定要比竞争对手卖多低，是我们不能容许比竞争对手价格高。高是没有理由的，我们至少要做到跟竞争对手价格一样，这是我们的底线。”

刘强东对于电子销售越来越得心应手，价格战使京东终于占有了市场份额，他稳稳地雄居一方，在中国电子商务领域有了自己的地盘，并逐渐有了王者风范。

别出心裁的价格保护

刘强东的“低价”策略使京东赢得了更多的市场份额，在电商领域立稳了脚跟。按理说，他应该知足了，可他依然花样百出地做出一个个令人咂舌的大胆举措。“价格保护”就是一个成功范例，它的实施不仅促进了产品的销售，也为京东赢得了非常好的声誉。

那是 2009 年，中国电商市场 3C 产品［指计算机（Computer）、通信（Communication）和消费类电子产品（Consumer Electronics）三者结合，亦称“信息家电”］竞争激烈，价格浮动较快，昨天是这个价，明天就会低许多，令许多消费者捶胸顿足，他们在价格不稳的情况下，在网上商店流连再流连，对自己需要的 3C 产品犹豫不决。所有商场 3C 产品的销售额不断下降，销售商抓耳饶腮，不知所措。而刘强东却如君临战场，凭自身经验感到，这是个抓住客户的好机会，他把自己的决定交予京东的高管们去讨论，大家一致通过了他的决策：实施价格保护。

京东“价格保护”的绝招着实大胆、实惠、颇有诱惑力，令人耳目一新。

何为“价格保护”呢？就是在消费者订购商品后，如果价格出现了下跌，只要商品尚未出库，价格则以下跌后的为准；如果价格出现上调，则依旧以涨价前的价格为准。

刘强东何等聪明，他的举措一举两得，既使急于出货的商家卖出了货，又使消费者得到了实惠，京东的人气迅速上升，知名度更大了，京东又火了。

有人说，刘强东这么做，京东不是吃大亏了吗？把风险转移给自己，京东能赚钱吗？

刘强东不这样看。作为电子商务网站，京东没有一家实体店，因此，它的运营成本相对传统卖场低许多，电子商务本身就有低价格的优势，在实施低价策略的同时，提出“价格保护”赢得了消费者的赞誉和信任，祸兮福兮？京东又赢了。与此同时，京东还向消费者赠券、送积分、送礼品以及实施组合销售等，促进商品销售。京东花样百出，万变不离其宗：薄利多销。

2005 年，中国网络购物用户数达到了 1855 万人，市场交易额达到 193.1 亿元。电脑配件、家电、办公、数码、通讯类产品占据网购市场 34% 的市场份额。刘强东的“价格保护”绝招，恰恰赢得了这些用户中的一大部分。他的举措为京东赢得了客户和商机。

京东在金融危机中爆发强劲的增长力

京东的“低价”策略，促进了用户量的增长，注册用户达 190 万人，并且以每天 1 万人的速度增长。京东的商品种类也在逐步增多，已达 1 万多种商品。每年，库房都要扩大一倍，第二年的 3、4 月份都要招聘新员工，到年底，就要搬到新库房。增长潜力可见一斑。

2008 年 4 月，世界金融危机爆发。刘强东每天都在关注报纸和电视上关于金融危机的消息。

在一个明月普照大地的夜晚，刘强东看完了当天的报纸，闭上眼睛，陷入沉思之中。报纸上报道的一个个企业倒闭的消息，让他内心很不平静。他从椅子上站起身，开始习惯性地在屋里踱步，脑子里飞速地思考着在世界范围内的金融危机下京东怎么办？许久，他停下脚步，右手握拳使劲地往下甩，他的决定成熟了。第二天，他召开高管会议，研究金融危机下，京东何去何从。大家一致认为，受金融危机的影响，人们手里没钱，肯定很少购物。刘强东微微一笑，他的下属们跟他想到一块去了，当即拍板：从 5 月份开始控制投资，也不再招聘新员工。这一年，是京东唯一没有搬到新库房的一年。

世事难料，谁会想到，京东在世界范围的金融危机中业务是增长的！到了 8 月，刘强东还是没有投资和招人，他在公司发展的问题上是谨慎小心的。

谁知道，市场瞬息万变，事情的发展出乎刘强东的意料。10 月的一天，刘强东在例行的公司销售报表上看到了惊人的数据，他的惊讶不亚于哥伦布发现新大陆。报表上数字显示，低端业务增长速度极快，比如，数码相机中的卡片机、1000 元左右的手机，销量都很大；而 5000 多元的 CPU，2 万元以上的单反数码相机，还有 5000 元以上的手机，销得不好。刘强东意识到，这是因为受金融危机的影响，用户手里没钱。

到了当年的 11 月中旬，发生了更匪夷所思的事情，京东的订单每天增加 5000 个，突然暴增 30%，京东爆仓了！

刘强东立即召开公司高管会议，研究对策。他回忆说，就当时京东的物流处理能力来说，是没有办法应付这个局面的，按每个物流员工每天最多处理 50 个订单，经过出库、扫描、打包、发货这些流程，需要增加 100 个员工。可是，那正是春节前后，到哪去找上百个员工？紧接着，刘强东更加头疼。光阴似箭，很快到了年底，在圣诞节和随后的春节期间，京东的订单继续猛增，订单已经超过了物流配送的极限。

面对潮水般涌来的订单，刘强东不喜反愁。变幻莫测的电子商务市场真的给他出了个大难题。他有点招架不住了。他和他的下属们，只有面对，只有忙碌。那段日子，刘强东和他的高管们每天都要干到凌晨三四点钟才能睡一觉；物流人员更苦，一个人要干两三个人的活，办公室的管理人员也都到库房干活。全公司上下齐动员，加班加点，热火朝天，人人忙得脚打后脑勺。可是，这样依然缓解不了物流困难。当时，京东只在北京、上海和广州三地建有三个仓储中心，远远适应不了京东的发展。

尽管公司上下忙得不可开交，客户还是不满意，一时间骂声如潮水般向京东涌来。无奈，刘强东连续在网上发出三封道歉信，他在信中诚恳建议，客户可以延缓购物，或者到别的网上商城买东西。网友看了更加生气，指责他："不让我们买东西，京东凭什么这么牛?"

春节过后，京东的订单量又增长了10%，面对多出的7000个订单，焦头烂额的刘东强心急如焚。新招来的员工还在培训中，不适应工作。遭遇物流瓶颈的刘强东无可奈何地在网上发布公告："京东的物流处理能力再次远远低于订单量的增长。特别在北京方面，订单积压严重。为了避免更多网友遭遇发货延迟，从今天起，我们将陆续关闭一些产品的订购。"

直到节后数周，京东的物流问题才得到缓解。

为什么京东在这场世界金融危机中，不但没有萎缩，反而爆发出强劲的增长热潮呢？刘强东在夜阑寂静中，反思自己的商业判断，他终于懂得了，一个电商企业要在变幻莫测的市场经济中随时保持清醒的头脑，以适应瞬息万变的市场。他召开董事会，集体反思，放远眼光，研究市场。最终一致认为：中国市场需求很大，五年内，中国的B2C电子市场只能增长，不能萎缩。因为电子商务的市场占比很小，不会受金融危机的影响，最多增长的速度会慢一些而已。刘强东拍板：五年之内，不管世界经济如何，京东都要做好应对准备。投资、找人一样不能少。

京东甩开膀子，准备迎接更大的挑战。而他们的主帅刘强东开着他的越野车，又一次奔驰在沙漠上，去迎接初升的朝阳。

“低价”挺进家电零售业

卢梭说：“成功的秘诀，在永不改变既定的目的。”

刘强东成功的奥秘就在于坚定目标。他办事果断，凭胆量论成败。

曾有这样一个故事：有一座独木桥，桥对面有一片丰硕的果林，果实又大又好。胆大的人，凭胆量快速走过独木桥，摘得很多果子。而胆小的人，不敢过桥，没有摘得一枚果子。有的即使慢慢过去，也只捡到一些烂果、小果。刘强东就是那个胆大的人，他摘到了那枚硕果。

时光如梭，转眼到了2008年，一直在3C领域小打小闹的刘强东，看到了家电市场辉煌的前景。他心中酝酿的计划成熟了：对！挺进家电领域！

刘强东万万没有想到，他的这个决定遭到了公司高层的一致反对。

理由相当充足。京东没有厂商资源，而现金拿货，意味着就要占有大量资金，这样输血铺货，京东能承受吗？还有，家电销售渠道利益盘根错节，厂商会将货发给京东在网上用低价冲击原有的销售渠道吗？京东的进货成本会比苏宁、国美低吗？如果成本不低，那么，销售要低价不是亏本的买卖吗？

最后的结论是盲目扩充会导致京东跌跟头。不是有许多电商死在盲目扩充上了吗？

听了大家的意见，刘强东微微一笑，很有大将风度地讲解了他的意见，他精辟入理地分析了家电市场的情况以及京东卖家电的优势，他预言：不出三年，京东将和国美、苏宁有一场非常惨烈的竞争。他描绘的前景很是诱人，娓娓而谈，再一次力排众议，顺利挺进了家电领域。

精明的刘强东用什么样的战略赢得家电市场呢？

原来，他的策略仍然是“低价”！

为了保证京东的家电价格最低，刘强东竟然采用了销售价低于进价的方式卖货。这简直就是令人不可思议的“疯狂”举动。员工们不理解，电商们不理解，就连快递员们都不能理解。人们咂舌评论：“刘强东是不是疯了？”

刘强东自从光脚进入电商领域，就从来没有停止过价格战，他的低价策略为他和他的京东带来了客户，迎来了辉煌。他知道，沃尔玛从创立至今60年来，就从没有停止过价格战。价格战不管多么惨烈，都是电商的一步好棋，是电商的宿命。谁把握得好，谁抓住机会，谁就会赢。

此刻，他那双炯炯有神的大眼睛，闪动着智慧和狡黠的光芒，他扫视了一眼他的下属们，从容、自信、果敢地做出对某一款或某几款商品进行亏本销售的决定，下属们明白了，他并不是把所有的商品都做亏本的生意，他是在利用超低价来吸引客户，聚集人气。这一款商品亏了，他可以在其他产品的销售上赚回来。当时京东6%至15%的进货渠道成本低于国美和苏宁，而运营效益高于国美和苏宁。刘强东懂得只要把让利幅度控制在5%至6%之间，京东销售家电就不会亏损，而价格优势又可以加快销售速度，提高资金周转率，顺势缩短与厂商之间的账期，获得厂商更低的进货价格。有了厂商最低价格供货，可以使京东获得更大的让利空间，取得竞争优势。如此，京东完全可以打败竞争对手，占有更大的市场份额，进而才会拥有压倒竞争对手的优势。

刘强东已经把全球零售行业的变革历史研究透了，基于此，他才做出如此胸有成竹的决定。

事实证明，这一次，他又“赌”赢了。

在京东的强势面前，国美和苏宁慌了，他们联手品牌商试图封杀京东。

那是2008年的春天，北京一片春意盎然，片片新绿装点着这个古老的大都市。刘强东神清气爽地坐在桌前看销售报表，思考着京东的下一步战略和扩张计划。忽听敲门声，他眼睛看着报表，嘴上却喊了一声：“进来。”

秘书进来禀告，韩国LG北京公司派人来要求见刘强东。

刘强东同意后，秘书引进了来人。他站起来，给韩方LG代表让座，双方寒暄后，韩方代表单刀直入说，LG韩国总部接到国美和苏宁的联合投诉，京东销售的LG某款液晶电视产品比线下要便宜500元，直接冲击了线下销售渠道，要求LG不要再给京东发货。

LG来人面无表情地说完，冷眼看着刘强东。那意思再明白不过：看你怎么解释？真的有点杀气腾腾了，空气里，霎时充满了火药味。

刘强东听着LG代表诉说来意，始终面带微笑，认真听完了LG代表的话。他明白了，朗朗一笑，黑亮亮的大眼睛里闪动着一束温和的火焰般的光芒。他明白了韩国LG代表的来意：他们是来京东调查来了。

刘强东温厚而有礼貌地请韩国LG代表喝茶，然后说：“我想先请先生们看看该款LG产品的销售情况。”说着，递过一张销售表。

LG调查人员狐疑地接过销售报表，认真地看起来，然后，面面相觑。

京东的LG该款产品销售表上详细记录了销售情况，甚至多少人购买，是男人还是女人，购买者的年龄、地域分布、联系方式等都一目了然。

刘强东开始侃侃而谈，他的声音充满了磁性和吸引力，他告诉LG代表，他的这些信息完全可以和LG共享，而且，LG为京东供货不需要向京东缴纳进场费、节庆店庆周年会、价格促销费、红蓝券、二次物流费、商品存放费、超期仓储费、DM邮包费、广告支持费等等。免去这些费用，LG在京东销售的产品的利润率会高出3个百分点。比国美、苏宁传统销售的利润率也高出很多。而国美给厂商返款周期为三个月，京东只需要20天。

一席话，云开雾散。LG代表露出了笑脸。

当年的5月，韩国LG主动和京东签署了战略合作协议，紧接着，精明的品牌商看到了京东网上销售的前景，纷纷来和京东合作，索尼和创维等其他品牌家电陆续和京东签署了合作协议。

刘强东的深沉、稳健和果敢，再一次显示了他的王者风范和电子商务的魅力。

这一年，国美将电子商务部升为总部的一个部门，刘强东明白，国美开始涉足电子商务，与此同时，苏宁电器电子商务平台的第三版上线，新版本更加有利于竞争。而当时的“电商之王”马云，开始思考通过淘宝网切入到内需市场，随后，淘宝网不断调整，逐步成为京东最强大的对手。

没有对手的竞争是寂寞的。

一时间，互联网上风云际会，强手如云。刘强东明白，接下来的竞争会更加激烈和残酷，他和他的京东，早已做好了准备，迎接竞争，迎接考验。他要在电子商务王国里打败敌手，他要迅猛崛起，在众多电子商务公司中脱颖而出，为中国的电子商务写下辉煌的一页。

一切从“上帝”的需要出发

2011 年 9 月 8 日，《福布斯》隆重发布中国富豪榜，38 岁的刘强东以 76.7 亿元的资产首次上榜，位居 93 位。这位年轻的京东 CEO 是怎样成为如此令人瞩目的人物呢？谁会知道，他，曾经是个低调的、温文尔雅的书生呢？

一个 70 后年轻人，是怎样做出这样惊人的业绩呢？

在许多人的评价中，无非是刘强东在经营管理上有一套，把握了电子商务的脉搏。这样的评价固然没错。但在笔者看来，刘强东的成功除了细腻的经营管理之外，最重要的就是把客户当成上帝去伺候，这一条更重要。他知道，电子商务是零售业，而零售业的对象是产品，要给产品注入活力，非客户而不能。他说："将最简单的原则和理念（客户满意、员工满意）坚持下去，坚持再坚持，不是第一，也是成功者。"

从光脚进入电子商务领域那天起，刘强东就在为提升网站的人气而努力。他明白，对于一个新开的网站，人气的聚集比什么都重要，没有顾客的网站，如何提高销售额呢？于是，京东就有了即时拍卖的举动，这一创意，确实汇集了人气，人们开始关注京东。刘强东走出了第一步，但是，即时拍卖是赔钱的生意，要把电子商务做大，是不可能长久地用这个法子的。接着，他把战略目光放在了给产品注入活力上。他的理念再一次证明，他抓住了大批客户的眼球，效果事半功倍。

如何给产品注入活力呢？

刘强东的经营告诉人们：产品是死的，京东卖的不仅仅是产品本身，而是力求通过产品传达出京东所有员工对用户的情感，使用户在使用产品的同时，融入一种独特的情感。京东要的是赋予产品一种感受，销售一种浓浓的爱意。一句话：客户是京东的"上帝"。

刘强东是在经营管理中逐步摸索出自己的经验的。

京东上线之初，刘强东就没有追求大而全，而是要求每一件产品都要经过精心挑选，要对客户负责。他说："京东的每一个产品都要经过三个月的准备，包括如何给你发货，多长时间送达，货款如何结算，出现产品质量问题如何承担责任，如何界定。比如消费者收到的产品有质量问题，怎么界定，这有一大堆复杂的东西，都要做长时间的讨论。"这是一种多么负责的精神！京东在产品销售前，都做精心的准备，让产品适应众多的消费者，只有京东的产品经受住时间的检验，才能传达出京东对客户负责的态度，消费者满意，客户的好评才是京东的服务标准。京东这样做的结果，就是吸引了一大批客户，成功占有了市场份额。

刘强东要随时听取客户的意见，于是，就有了京东和客户互动的做法。客户在给京东提建议的同时，感受到了京东的责任感和自己成为“上帝”的温馨感。京东建立了会员俱乐部，京东的会员级别共分为 5 个等级，分别为：注册会员、铜牌会员、银牌会员、金牌会员、钻石会员。会员级别不同，权利和待遇各异。京东还建立了意见留言板，刘强东常常在留言板上回帖子，和客户互动，他的举动吸引了众多客户。常去京东的客户都知道，京东开辟了一个开放平台，上面有许多关于电子产品使用技巧的文章，文章记录了用户使用相关产品的亲身经历，还允许客户自由发表自己的看法。有的用户在这里发表看法说，某某产品不好，千万别买，对此，京东绝不删除。客户感觉京东和他们产生了共鸣，心一下子贴近了许多。通过这种客户和京东、客户和客户之间的信息交流，京东加强了与客户的联系，京东让消费者了解了更多专业知识，了解了京东人付出的汗水和消费者自身体验，这种互动的结果使京东发展了，收获了更多的市场份额。

京东在正式上线之前是做论坛的，半年后，才慢慢进入网络商城，当时，在中国比较有规模的 B2C 公司中，京东是唯一一家拥有自己论坛的电子商务公司。这里有三个互动模块：购买资讯，这是消费者和京东技术人员的互动；网友评论，这是购物消费者和准备购物的潜在消费者的互动；产品论坛，所有网友可以在这里互动、自由交流，所有购买同一款产品的人不需要添加，自动成为好友，结成群组，在群里自由发表言论，没有入群的人也可以向群里的人进行提问，由消费者进行回复。这些精彩的创意都为京东留下客户、吸引更多的客户打下了基础。

随着网购客户对物流速度的要求越来越高，京东不断给自己的物流加速。2008 年，客户对网购的配送要求是三天收货，超过三天就发牢骚骂人。京东马不停蹄地送货，依然有客户不满意。2007 年 10 月，京东实现了 97% 的商品当日发货，全天配送一次，到了 2008 年 5 月，为了适应飞速发展的购买力，京东在北京建立了 8 个配送点，开始第一次提速，变成每天两送。那景观真的很壮美，每天上午十一点，库房里开出 8 辆大货车，把十一点前库房处理的订单货物送到 8 个配送点，下午，再由京东的配送员送到客户手上。晚上，库房再发一次货，第二天早上，配送点就可以再次送货，周而复始。到了 2009 年初，在北京、上海、广州的大部分客户如果能在上午 11 点前下单，而库房又有货，那么当天下午就能拿到货。京东为了做好物流，不惜赔本做配送，为的就是提升物流速度，让客户满意。

京东一切从“上帝”需求出发，在培训配送员的时候，教育他们文明待人、礼貌送货，把服务融入产品之中。京东规定：在配送的时间上，京东做到在下单后以最快的速度、最早的时间，将产品送到客户手上。他们还在配送环节上对客户注入了更多的关怀，让客户能感受到京东一切为了客户的理念。京东的配送员就像京东的名片，让京东的良好形象深深地印在客户心里。越来越多的客户认可京东的产品，京东的客户数量不断增加，需求范围不断扩大。

2008 年，京东销售收入突破 13 亿元，公司规模迅速扩张。刘强东开始思考下一步的走向。他目光远大，雄心勃勃，说：

“互联网以后的入口越来越少，垂直化的电子商务网站很难成为入口，它初期的增速可能大于综合类电商网站，但发展空间有限，只有综合性的电商平台才有出路。”

刘强东永远是那个超前考虑问题的人，他缜密的思维，加上超前的意识，在与对手的较量中，该出手时就出手，他的胆略和勇气、魄力非常人能比。他的京东逐渐成长壮大，靠低价战略和把用户奉为上帝的做法，杀出对手的重重围剿。他也成为中国电子商务领域中一颗耀眼夺目的新星。

4

抓住两端，打造最强信息核心

京东上线后不久，就遭遇了黑客的袭击。刘强东反复思考，他清醒地认识到，互联网企业的竞争力在于自身的信息系统。他认为，信息系统是“京东的基石和根本。”

亚马逊的创始人贝索斯对电子商务的本质看得非常透彻，他曾指出，电子商务从本质上说就是“两端”，一个是客户端，另一个是服务器端。

贝索斯在20世纪90年代带领亚马逊经过十几年的奋斗，在电子商务的实践中，依据这个显而易见的原则，两条腿走路，一方面抓更好地服务客户，在库房、物流、供应链管理以及UI用户(用户界面）上下力气花功夫；另一方面，着力建立一个强大的后端，加大在服务器和数据中心上的投入，意在通过技术进步和支持，使对单个用户的维系达到成本低、服务好的目的，使电子商务快迅发展。

刘强东走进电子商务领域后，认真学习了亚马逊的成功经验，抓住电子商务的这个本质，在实施低价策略、黏住众多客户的同时，潜心打造至关重要的后端，加大投入，建立了最强的信息核心系统，大大提高了竞争力。

如今，刘强东对电子商务的理解更加深刻。他认为，电子商务的竞争力在于是否拥有一套高效、精准、控制力极强的信息系统。自身系统不强，没有一个强大的后端支撑，就好像盖大厦没有地基一样。电子商务的后端才是基础，是核心竞争力的基石。因此，京东上线以来，刘强东为了夯实基础，潜心研究信息系统，不计成本地投入，为京东打造坚固后端。正是有坚固的后端支撑，京东才能成为中国电子商务领域的翘楚。

建立三大信息系统，扩展核心的魅力

刘强东在研究了亚马逊的成功经验后，清醒地认识到：在电商行业里，企业竞争力的根源就在于自身的系统。

由于互联网销售和传统的销售模式需求完全不同，这就更需要信息系统的支撑。所以，在过去的几年内，京东把信息系统的建设当做最重要的事去做。通过信息系统，建立一支“信息部队”，刘强东把它当作成功的基石。

如何搭建最适合京东发展的信息系统呢？

京东上线以来，刘强东不遗余力做的最重要的事情，不是市场开拓，不是物流建设，而是信息系统的建设。

要建立信息系统，说起来简单，实际上是一项十分繁杂的工作。在为京东搭建信息系统的过程中，刘强东费尽了心思，烧钱不说，那种超出凡人的繁杂细密的过程，也很令人头疼。

刚开始上网做销售，刘强东给京东注册了一个二级域名，发展了三年之后，京东才有了一级域名。

为了做一套适合京东的信息系统，刘强东开始潜心研究电子商务信息系统的所有知识。他带领他的团队不断探索，精心打造“后台”，为京东奠定坚实的基础，以此实现自己的梦想。可以说，刘强东对京东的经营过程，就是中国电子商务的探索和实践过程。这个过程，有辛酸、痛苦，但更多的是收获和发展的喜悦。

早在京东起步之际，刘强东就抓住这个影响企业成败的关键因素，着手自主研发信息系统。

2004 年，京东刚开始做网络零售时，交易的过程很繁杂，要发帖下单、汇款支付、邮寄发货，这个过程需要十天甚至半个月。这种模式是不能帮助京东快速发展的，必须要有一个能让网上购物变得快捷的方法。

为此，他组织公司技术人员开发信息系统，建立强大的后备基础力量。

由于京东网站在数次价格大战中都面临崩溃的危险，刘强东花重金聘用高级技术人员，提升了后台技术水平。

几年来，京东开发的信息系统包括 ERP、仓储配送等所有的管理系统，这套系统把京东商品销售的整个流程分解为 34 个环节，每个环节又有很多更为细致琐碎的小环节，用于京东内部管理和掌握库存。实践证明，京东通过该系统，实现了对每个环节的控制，ERP 系统在不断升级后，成为京东的运营枢纽。在所有的流程中，京东控制着 60%，对此，刘强东不满足，他要求力争达到 80% 以上。

刘强东曾多次强调：只有控制更多的环节，才能进一步提升供应的效率和服务水平。京东在开发信息化系统控制的过程中，逐步控制更多的流程，实现了技术扩展性，真正让信息系统成为京东发展的基础和动力。

有了支撑京东“大厦”的基石和坚固的根基，京东如虎添翼，腾飞的翅膀有力地煽动着，裹挟狂飙，飞速前行。

京东的信息系统好在哪里呢？

刘强东在建立公司信息系统时，着手建立了京东三大信息系统，即：物流系统、财务系统和信息系统。

这套信息系统几乎囊括了京东公司所有的事务，除了处理网上订单，通过它还可以掌握每一款产品的详细信息。更值得称道的是，该系统自动分配每个配送员一天的工作量，告知送货员最短的送货路线。它还能够处理京东的固定资产，比如：公司有几把椅子，椅子都在哪个屋内。甚至，就连小小的茶杯都记录在案：它们都在哪个会议室或者办公室，上 ERP 系统一查就能找到它们。这么详细的信息系统，京东的管理能差吗？

电子商务的售后服务更需要完美的信息支持，刘强东除了增加客服人员外，还加大搜集网上的售后信息，包括客户对商品和服务的评价、意见、打分等信息，然后，由客服人员及时回应、解决。

打开京东的网页，会看到大量的图片信息，而这些图片，都是京东的原创照片。京东有自己的摄影棚和全职摄影团队，虽然每件商品都有厂家附赠的图片说明，但是京东坚持进行实物拍照，然后将图片传入网站信息平台。刘强东认为，经过京东拍摄的图片更真实，同时，对图片的风格化拍摄也能显示京东特有的品牌形象。

京东的信息系统，除了这些与产品直接相关的信息，还有大量的周边信息数据。

京东的 ERP 系统还有一个令人想不到的功能，那就是实现京东的产品自我定价。京东许多产品的定价是自动的，不是人在操作，它的依据是成本价，还有竞争对手的价格情况、京东制定的价格优先级以及京东产品的销量。

无疑，京东的信息系统是非常先进的，它是动态的，它在制定价格的过程中，分步进行。首先，京东先制定一个价格优先级，然后，系统得到价格优先级的指令，每半个小时把竞争对手网站上同一类产品的价格搜索一遍，进行比较，给出京东的价格。这个价格也不是固定的，通过每半个小时对价格的核对，进行价格变动。同时，京东的财务系统和这个价格系统是相联系的，京东跟供应商的结算都通过这个系统管理起来，花的每一分钱都笔笔有踪。京东把所有的客户、资金、每个员工的工作都纳入信息系统，甚至连员工的奖金和工资的发放也纳入系统，京东的管埋透明、清晰、靠谱，更上一层楼。

京东的信息系统也使进货有了保障和依据。信息系统根据库存情况提出货物需求，采购人员根据需求去进货，并将谈好的价格和到货的期限输入信息系统，系统就会向供应商下订单。由此可见，通过这个信息系统，京东总部控制全国一、二级两个级别 18 个库房的存货量，再决定哪一个库房采购多少货物，整个进货过程都要依据信息系统去完成。京东这辆呼啸的列车，靠着这套完备、科学、透明的信息系统，进入了快速发展的轨道，一路奔驰，达到了高速发展的目的。

2011 年时，刘强东曾说：“我的物流系统，必须要做到比竞争对手成本更低、效率更高。我的信息系统，必须做到比竞争对手成本更低，然后效率要更好。我的财务系统，必须要比竞争对手成本更低，运用效率更好。过去七年，我们发现我们 90% 以上的钱都花在这三个系统上了。”

事实正是如此。京东每次融资到位，刘强东都是拿来做信息、物流等系统的打造。2012 年初，第三轮融资到位，京东开始了“亚洲一号”的建设。刘强东把 70% ~90% 的钱都用在了打造三大系统上。

刘强东一直以来特别重视研发，公司融资的资金除了投入物流，就是投资信息研发了。公司研发人员超过 1760 人。这已经相当于一个大型软件公司的规模，仅员工工资每年就有几亿的投入。这主要是因为京东所有的信息系统都是自主开发的，包括 ERP、仓储配送等所有的管理系统。功能模块可分为前端、后端，流程模块可分为产品、设计、研发、测试、运维。经过这个系统，京东成本降低了，运营效率提高了，这是京东的核心竞争力。单说网页设计，网页里的一两百个点，哪个点弄不好都会导致用户的流失。一个字的字号、按钮的位置都会影响到用户体验。

的确，京东的信息化管理已经更加科学化、技术化和快捷化，并为京东的快速发展立下了汗马功劳。这是刘强东的有力武器。

几年来，京东在刘强东的领导下，花大功夫，下大力气，打造三大信息系统，并井然有序地运转于经营管理中，他的科学化、快捷化已经有目共睹，他使京东做到了比竞争对手成本更低、效率更高。人们的眼前出现了一个产品比别家丰富、质量比别家更好、价格比别家更低、服务比别家更到位和更靠谱的网上商城，面对这样一个网上商城，人们怎能不蜂拥而来，竞相购置自己需要的物品？

刘强东带领京东的同事们，经过十年的拼搏奋斗，谱写了京东人的传奇故事和中国电子商务的新篇章。面对京东今天骄人的成绩，他毫不掩饰自己的自豪和骄傲，他说："经过这个系统，我们的成本降低了，运营效率提高了，这是京东的核心竞争力。"一语道破了电子商务的本质。

刘强东是一个胸襟开阔的人，他的胆识和谋略令人称道，他的豪爽和待人真诚更是出人意料。

随着时间的推移，一些曾与刘强东并肩作战的公司元老离开了公司，自己出去打拼。离别时，刘强东送给他们一个令他们惊讶和无限感激的礼物。他们万万没有想到，刘强东把自己精心打造的核心——信息系统送给了他们。这份出人意料的礼物令他们感激不已、激动万分。几年后，刘强东约请他们来京东参加2009年"6·18"公司成立纪念庆典。这些老员工欣喜地看到京东的成就，无限感慨。同时，也看到了不管在职还是离职的京东老员工都回到了京东，大家济济一堂，无限感慨，异常激动。一些曾接受刘东强送信息系统的老员工告诉刘强东，现在，他们的公司还在使用这套系统，他们都对这个信息系统称赞不已，而且更加感激刘强东，感慨他的胸怀和气吞山河的气魄。

刘强东就是这样，励精更始，信守不渝，在管理上一丝不苟，在对待员工上亲如兄弟姐妹，他无时无刻不在为员工着想，不在为员工的未来打算，他的气场和人脉是无人可比的，他怎么能不做出一番大事业呢？他的真诚和亲和力以及他的霸气、自信同样成就了他的伟业。

开发云计算系统，节约信息资源

刘强东在电子商务的实践中，清醒地看到信息系统对京东在未来电子商务竞争中的重要地位和作用。他不惜花费重金，建立京东的信息系统，他的财务系统、信息系统和物流系统为京东的发展立下了汗马功劳，他和他的京东完全依赖着他的三大信息系统。诚然，他是个永远不满足的人，他时时刻刻都在求创新、求发展，他不会停留在原地墨守成规、沾沾自喜。他说："未来我们会继续加强我们开发的独有系统功能的完善，并继续加强这方面的投资，对于我们自身来说，物流系统、财务系统、信息系统这三大系统是支撑公司运营的全部，必须不断完善。"

刘强东在信息研发过程中，发现京东现有信息系统的使用率只有10%，其他的就浪费掉了。他决定寻求更好的信息系统。

云计算系统是一种商业计算模式，它可以将计算对象分布在大量计算机构成的"资源池"上，使各种应用系统根据需要获取计算能力、存储空间和信息服务，这种提供资源的网络被称为"云"。"云"中的资源在使用者看来，可以无限扩展，随时获取，按需使用，并按使用情况付费。这种特性被使用者称为"水电"，是IT企业必备的基础设施。

几年来，京东的信息系统，从无到有，从小到大，逐步发展。有了这个信息系统，京东在经营上如鱼得水，成本降低了，运营效率提高了，核心竞争力强了。京东如同插上翅膀的雄鹰，展翅翱翔在蔚蓝的天空。

信息系统的开发需要大量的人力、物力，工程大，耗时耗力，还要投入浩大的资金。社会上，越来越多的企业考虑外包，多达60%的企业将自己的信息系统外包，当然，选择外包的基本上是传统企业。京东这些年来，投进信息系统建设的资金占整个投资的90%。

在众多企业纷纷选择外包的大趋势下，刘强东不为所动，他说："京东不会考虑租用他人的服务，不会考虑外包，因为对于电子商务企业来说，计算能力很重要，这部分是核心。"他看到了IT外包不适合电子商务行业，信息系统的完备对于公司未来发展的重要性。他在公司信息系统的开发中，注意到了云计算，感慨它的火爆和它的智慧计算等全新的方式，认准了它会给京东带来突破性进步。经过严密思考，他的心里酝酿了新的打算和策略，他决定购置服务器，组织科技人员构建京东自己的云计算数据中心。

刘强东面对京东异常火爆的云计算，大度而慷慨地说："对于合作伙伴来说，既然京东有这么好的系统，为何不开放给他们使用呢？当然这不是说买我们的软件，而是让合作伙伴花很少的钱去租用我们的系统，享受服务。从这个角度来说，这可能也是云服务的一种了。"

系统升级，刻不容缓

京东发展迅速，后台支撑能力是否给力？

京东曾在大规模扩张时，因信息系统不给力，接二连三地发生了多起危机事件，损失很大，这令刘强东头疼不已。他下定决心，投入巨资打造信息系统。

2008 年，由于系统出错，一起令人猝不及防的“0 元空调门”事件发生了。随即，刘东强在网上发帖，说明“将价格错误标记为 0 并非京东真实意愿，纯属人为操作失误。”真诚向大家道歉，并承诺给予订单客户一定的“东券”作为补偿。谁知，客户不依不饶，随即将京东告上法庭。

通过这件事，刘强东敏感地意识到，公司增长速度太快，会出现一系列问题让京东为成长买单，同时，后台支撑也必须跟上飞速发展的形势，这是当务之急！

接下来，京东发生了这样一件事情。

事情是这样的，2010 年 6 月 3 日，京东以 99 元价格促销市场价为 169 元的王麻子菜刀 8 件套刀具，同时，京东首次上线“买赠”的促销方式，也设定为“满 99 元赠送某某产品”。然而，京东在系统测试时却没能发现这种双重优惠，导致两个小时内接到上万订单，直接损失数十万元。

那一刻，刘强东的心像是打翻了的五味瓶，不知啥滋味。他首先考虑的是客户，他不能因小失大，客户就是他的上帝，宁可自己损失，也不失去信誉。他做生意，信誉第一，童叟无欺。既然是京东的信息系统出错，责任就得公司承担。他立即向公司高管们通报了情况，研究后，他起草了一份声明，并在当天下午将这份声明发布在京东网站上。此举又是引起一片哗然。

他在“关于王麻子刀的声明”里写到：

> 今日，我们上线了一个全新的促销形式：买赠模式，并对王麻子刀进行了促销。不幸的是，系统存在严重漏洞，导致产品被疯抢了数万件，经过系统人员反复核实，确认是系

统漏洞，而不是被恶意攻击所致。我们决定：全部履约发货！

目前信息部门正在对订单恢复中，请大家稍候一些时间。另外，因本刀严重超额认购，库存严重不足。估计厂家没有这么多库存，我们会紧急订购，尽快给大家发货。

祝大家购物愉快！

刘强东因系统出现问题，损失严重，此时真是打掉牙往肚子里咽，还得出来安抚客户，真是苦得很！

事发8天后，京东上下欢庆成立12周年，京东后台系统再次出现问题：down连续3个多小时，客户进不去，首页一直显示Server is too busy（服务器繁忙）。店庆时分，服务器出现问题，令刘强东大为恼火，经技术人员检查后，确定其原因是京东为店庆推出一系列促销活动，订单量迅速增加导致服务器超载。刘强东再一次意识到了后台信息系统的支撑能力对于飞速发展的京东是多么重要！

在12周年店庆这一天，服务器竟然down机，不给你干活了，真是“坑爹”啊！

刘强东心急如焚！这几起事件，搞得他有点焦头烂额。在技术人员检修查找问题时，他焦躁地不停徘徊，心绪很坏。

这些事让他决定了再次投入巨资，重新打造京东的后台信息系统！

经过技术人员的紧急处理，京东的后台信息系统虽然不是很稳定，但也没再出现大问题。在12周年店庆这天，京东接到15万个订单，销售了30万件商品，创造了超过1亿元的日销售额，平均每秒销售额超过2000元。与2009年同期相比，以上数字的增长均超过200%。

这一天，对于刘强东来说，真是喜忧参半。

自己倾注了心血构建的信息系统突然出现问题，他的心里能不难过吗？

难过归难过，刘强东是个不服输的人，既然京东的后台系统出现了这样那样的问题，就要想尽一切办法解决。

刘强东在遭遇信息系统不给力的打击后，开始考虑请IBM负责方案的设计，苏宁电器的信息系统就是IBM设计的。刘强东经过审慎思考，决定选择按模块对外分包的策略，在京东的旧模式基础上改造、升级，逐步完善，将不太重要的模块交给外包公司，仓储物流的核心模块，继续由京东内部的技术研发团队完善。

2012年1月1日，京东宣布：收购做日系潮流购物的B2C电商——迷你挑。该网站成为京东在百货领域布下的第三个垂直电商，和千寻网一起构筑了覆盖低端和中高端以及高端的在线百货用品市场，进一步吸引大批女顾客光临京东。通过这一举措，京东的日用百货占有的商城份额越来越高，2011年京东全年交易额为309.6亿元，同比增长超过200%，百货类商品销售额达到52.4亿元，成为3C电子商品之外的另一大销售主力。

为了更好地服务于扩大了规模的日用百货商品的销售，京东在宣布收购迷你挑的同一天，推出京东IM（即时通讯工具）测试版本，用于京东客服沟通以及京东第三方平台上的卖家与用户之间的联系。京东的IM分为客户端和Web端两个版本，只用于京东客服和京东与第三方平台上卖家与用户的沟通，而不支持用户之间的信息交流。

刘强东把物流和客服等电商基础服务作为京东的核心发展优势，IM 加上京东人员数量庞大的客服呼叫中心，京东的客服水平提升得很快。京东还在 IM 成熟后，向 SNS（社会性网络服务）领域做更多延伸，为买家构建社区体验。在这方面，刘强东未雨绸缪，早有打算。

2008 年，京东就开始为搭建 SNS 平台做蓝图勾画，其计划几经高管们的研究讨论，最后确定终极方案。2010 年 3 月，刘强东在微博上说，京东将研发 SNS 产品，构建卖家体验社区，增强京东的平台黏性。SNS 产品将围绕京东的产品资源展开，买家可在平台上点评、分享京东的产品体验，并能在第一时间通过文字、视频等传播途径获悉京东的产品资讯服务。

京东投入巨资打造后台信息系统是一种明智的决策。特别是第一次融资后，京东的后台系统更加强化，鼓舞了士气，凝聚了人心，黏住了客户，为公司的快速发展奠定了坚实的基础。

刘强东以急迫的心情，全心全意地投入到电子商务中，就像插上了翅膀的雄鹰，展翅翱翔。

5

京东成功的秘密

京东这匹俊美的黑马，成为中国电子商务企业关注的焦点，刘强东也成为迅速升起在中国电子商务界夜空的一颗璀璨耀眼的新星。有人预言，他将是中国真正的“乔布斯”，他将成为超越马云的电商界风云人物。刘强东注定是一个传奇，一个实现中国梦的神话。刘强东和京东的经营管理之道，值得深思。

逆向思维，眼光独到

刘强东从京东上线的那一刻起，就坚持低价格策略，不仅透明度提升了，还吸引了一大批优质客户，同时，也引起同行们的质疑：这样的经营理念是否站得住脚？

刘强东一开始做电商时，就坚持“低毛利、不赚钱”的经营理念，毛利率与费用率几乎持平，这样做京东能赚钱吗？

在中国电商界，一直有人这样质疑刘强东和他的京东：京东不可能不赚钱，如果他坚持低价模式，不让公司有正向利润的话，后面融资的钱是很难进来的；京东没有核心竞争力，不能防止别人复制，再加上网上忠诚度很低，只要有价格比京东还低的，京东立刻就失去了优势。

面对同行的非议，胸有成竹的刘强东又是微微一笑，赔本也要赚吆喝！

果真是这样吗？其实，他的低价策略是经过了反复斟酌的，他有足够的把握将低价进行到底。

俗话说："杀头的生意有人做，赔本的买卖没人做。"刘强东就能把进货价为2000元的冰箱，以1980元卖出去。对于他的行为，就连当年中关村许多小快递公司都说："刘强东是个疯子，京东那家公司早晚完蛋。"事实是，几年后，京东还在烧钱，而那些小快递公司却全部完蛋了。

京东的竞争对手"搜易得"的技术总监，对刘强东当年的扩张手段直咂舌："刘强东的战略很简单，就是正品、低价、规模第一、渠道为王，同时，他有魄力坚持到底，既不封闭试听，也不受任何外界因素的干扰，只做自己认为对的事情。"

刘强东的逆向思维很受今日资本总裁徐新的欣赏，作为京东的股东，她几乎成了刘强东的"黄金搭档"。她说："当他发现一万元的人确实比两千元的人好用，就会立即去市场找人才；他不喜欢公关，但当他发现品牌的威力和营销的影响后，他能迅速调整自己，不因个人好恶耽误公司的发展；而且他比较喜欢用户体验，经常看用户体验、回信。"

刘强东目光深远，他的目标更为远大，他要追求更大的社会价值，他早已热血沸腾了。

尽管刘强东可以做到无视其他同行的非议，不过，他还是认真地分析了同行们的意见，审视自己的经营模式。他知道自己在做什么，他不是在追求更大的价值吗？

刘强东在公司高层会议上，阐述了自己的想法。

望着窗外那在瑟瑟秋风中变得金黄的落叶，正飘飘洒洒地落地，化为春泥。他的心里生意盎然，猛然想起一句诗："凋落三秋叶，能开二月花。"他感到，他的决定形成了。他缓缓地收回目光，慢条斯理地说："京东如果想盈利，只要把价格提高一个点，就可以做到。但是，京东这样盈利是没有什么价值的，规模才是第一位的。"

刘强东的下属们明白了，原来，他是在追求京东的规模，他日夜盘算的，是如何把京东做大。

这个强大而坚韧的人，他的眼光是独到的、远大的；他的理念是逆向的、深远的。

京东人恍然大悟，他们的老总在关注和追求京东本身为经济和社会发展带来的价值。为社会贡献最大的价值，这才是一个企业家最终追求的目标。

的确，刘强东在建立京东之初，就意在打造中国真正的电子商务企业。电子商务企业不仅仅是通过互联网销售产品，还是未来社会发展的方向，有着不可估量的前景。所以，刘强东想通过自己的成功，让人们不要仅仅关注短期盈利，而是要关注电子商务的巨大潜力和未来的发展方向。

他的理念是逆向的、深邃的、远大的。

刘强东仔细研究了电子商务的零售精神，即：一再强化对产品、价格、服务的提升，一再强调为客户提供更丰富的商品、更低的价格、更好的服务。作为电子商务企业的京东真正的盈利手段不是抬高价格，而是靠提高效率，降低成本，从而实现真正意义上的盈利。刘强东在这样的理念指导下，带领京东员工在重金打造的信息三大系统核心的控制下，苦练内功，从细小的事情做起，不断提高效率，降低成本，提高自身的竞争力。

有这样一个例子，颇能说明问题。

京东的打包员打完包要在电脑上扫描，京东的计算机就可以算出该打包员一个月的成本情况，判断其是否节约了胶带和纸箱，从而控制整个成本。

京东在实施低价策略时，不惜疯狂烧钱，京东亏损吗？刘强东会做亏本的买卖吗？

刘强东的回答是颇为清醒的，他在公司大小会上，反复强调："零售商的竞争就是成本的竞争。"当成本降到最低就能够产生价格优势，继而转化为市场规模，零售企业的价值正蕴含在规模之中，刘强东称之为"水到渠成。"

刘强东在京东实现了高效率、低成本运营，并实现了真正盈利后，语重心长地说："低价不仅仅是更改价格标签的动作，它需要成本控制的能力。首先，在采购方面，90%的情况是生产商直供或者来自一线代理商；其次，我们在每个细节都坚持严格的成本管控以减少无谓的成本支出，因为我们要考虑最终都是用户掏钱；最后，我们确实不谋求很高的毛利，京东的低价格路线会一直走下去，永远争取价格比别人低。而如何保持你的成本优势，这里没有秘密可言，但是其中可能涉及上百项工作流程和数千名员工。”

这一理念下，京东还亏损？翻开京东的财务账簿，仔细研究一下，不难发现这样的秘密：所谓的京东亏损不过是京东为未来的投资，如果京东停止对未来的巨额投资，它就不亏损了。其实，他的亏损是另一种投资，是公司财务可以承担的。

由此可见，京东要做大做强，要实现盈利，走的并不是常规之路。

刘强东选择了一条艰难的道路，他先从用户体验、物流基础设施开始，打造了一个电子商务系统工程。这条路，他走得艰难痛苦，为此，他呕心沥血。这个浩大的电子商务工程，蕴含着巨大的价值。以往，B2C企业都是通过搜索引擎、网址导航等拉流量，带来销量，有了销量之后，获得风投，接下来就是上市套现。刘强东如果这样做，能够顺风顺水，一路畅通。可他没有按常规出牌，而是另辟蹊径，进行了电商新模式的尝试。他的目的不仅仅是盈利，而是通过电子商务为厂商和消费者带来更大的利益，而京东将成为大型零售商。

京东之所以立于不败之地，就是刘强东的新电商模式让它迅速崛起。

京东从传统零售商到网上商城，从代理销售IT产品到经营所有3C产品甚至日用百货，京东不断转型，刘强东每天都像在打仗，危机随时袭来，他的对手们都在努力，卓越在扩张，淘宝在做大，当当在寻找新路径，他不能高枕无忧。为了在竞争中高速发展，京东必须走自己的路子，刘强东为此使用了所有的技术手段和营销策略，凭借着快速发展，出了名，随即吸引到今日资本千万美元的投资，而后，刘强东带领京东大步向前。2008年，京东上马了大家电，迅速占了很大一块市场份额，并开始了与传统零售巨头国美、苏宁分庭抗礼；而后，对零售天生敏感的刘强东又把战略目光聚焦于百货领域，加大了产品投入，他成功地做了两件事：为重复购买率高的产品打造平台，做到便宜、品类繁多，快速反应；京东的“真便宜”和“真实惠”牢牢锁住老客户，发展空间扩大，京东的规模越来越大。

京东刚上线时，产品不到100种，之后，京东不断丰富产品种类，扩大规模。刘强东说：“没有规模就做不成大事，规模越大越安全。”他就像一个围棋高手，一步步地谋篇布局，直到把京东做大。后来京东的产品里有了家电，接着又有了百货，还进军了图书市场，在随后推出的团购业务也异常火爆。

刘强东从来不满足于现有的成绩，他心中的棋局很庞大，他的棋子走每一步，都是大胆的、超前的，也是经过深思熟虑的。他的血液里，激越着澎湃的情感。他以对商业及其敏感和深邃的目光，自信地看着电商行业的本质和前景，他在盈利和发展这两个棋子中，果断地挪动了发展这个棋子。他知道，电商的本质决定在速度达到一定程度之前，是不能先盈利的，相对于盈利数字，未来的发展更重要。

他的目光是远大的。他的愿望是，京东在今后的日子里，有超过千万有购买力的客户，而商品的种类必须不断增加。在挑战面前，刘强东从来都是精神抖擞、飒爽英姿。他更知道，京东有产品质量和几个方面的优势，关键是扩展产品种类，随之而来的，还要扩张仓储和供货渠道。这个时候的刘强东像极了战场上的将军，在炮声隆隆中，指挥着他的千军万马。他做出了大胆而明智的决定：开放京东封闭已久的平台，引入品牌商家，通过商家售卖获得利益。

2011 年初，京东上马了电子书刊业务，囊括了电子图书、数字期刊和多媒体电子书，共 8 万多种，到年底上线总计 30 万种。与此同时，刘强东又制定了京东的数字媒体平台战略，数字音乐、数字教育平台、数字电影都将作为规模化的重要分支陆续上线。

随着规模扩展和科技发展，消费者的购物模式也在逐步提升。刘强东考虑，京东必须随时增加全新的产品种类。京东从 2004 年正式上线以来，在线销售的产品种类从 100 多种逐步增加，到后来的 10 大类 10 万种产品。京东还要上线自有产品，刘强东已经开始着手实行，他在老家江苏宿迁种植有机大米，然后作为京东自有产品上线销售。

由此，刘强东的大气、兼容和厚重，可见一斑。

今日资本总裁徐新满怀激情地赞扬刘强东："过去，造就一个 10 亿元级的公司，需要三代人，中国是把这段历程浓缩在几年之内。刘强东的压力很大，头发都白了，苏宁做到 100 亿规模用了多久？京东的发展对刘强东的意志力、心胸和管理水平都是极大的考验。京东的成长超过我们预期。我们给过他四五次过桥贷款，2008 年金融危机，很多已经谈好要投京东的基金纷纷反悔，他的压力大，睡不着觉。但我们还是相信他，又给了 800 万美元。我以前投过网易，也遇到过困难的时期。所以，我相信坚持的力量。"

京东在刘强东的领导下，以斑斓摇曳的生命之态、多元饱满的形象展现在众多客户面前。而刘强东以深达内心的执着情怀，以及婉约奇异的表达方式，在电商企业经营中执着于独特的战略祈求，始终保持着 200% 甚至高达 300% 的增长速度，规模迅速扩张，注册客户已超千万，并赢得了中国经济界的关注和电商同行、客户的好评。

京东已经跨入当代中国人生活的大多数领域，已经成为中国消费者网上购物的首选。京东还在扩张，还在前进。

刘强东有大胆的构思、浪漫的手法，他巧妙地用青春和生命雕塑着永恒图腾，体现出一种奋发向上、豪迈进取的精神。

进货绝招，赢得低价策略优势

京东作为电子商务企业，要想以低价策略战胜竞争对手，除了稳扎稳打、环环相扣之外，最重要的环节就是采购。刘东强很早就进入了零售业，他早已透过重重迷雾，看清了电子商务零售业的根本。他明白，要提高库存周转率，离不开供应链效率的提高和成本的降低。随着京东规模的不断扩张，京东的销售预期和补货计划的准确度在逐步提高，库存积压的现象越来越少，京东和供应商的合作也越来越密切。赢得了供货的优势，京东订单的满足率也大大提高。

刘强东何尝不知道供货渠道对于京东的意义？

那么，京东与供货商究竟是什么关系呢？刘强东又是怎样处理他与供应商的微妙关系的呢？

在当今电商市场，一个卖，一个买。一个要找供应商进货；一个要商家把自己产品卖出去。这就产生了博弈，是商家和厂商、供应商之间的博弈。通常，京东每次进货，都是一场智慧的较量，经过较量，双方都实现了自身利益的最大化，结局是双赢。刘强东凭着多年的经商经验，给京东定位为赚的钱一定是从供货商和内部成本控制得来的，而不是从终端客户的商品加价中赚取的。因此，京东在采购过程中费劲心思。

京东的采购策略究竟是什么呢？刘强东在采购上有何绝招？

京东的采购策略，有“三化”值得一提：上游化、多元化和异地化。

2009年底，京东基本上实现了采购上游化，并将产品供货的层级不断向上提，最终实现了与厂商或供应商直接合作，达到了最优化的价格。

京东在打通采购渠道过程中，历尽艰难，一波三折。不！应该是多波多折。

举个例子：2008年，京东的家电供应商主要集中在中关村。当时，全国大多数品牌企业对京东怀有抵制态度。公司的采购人员采购货物受到冷遇是常事。到了2009年，大多数品牌厂商基本上接纳了京东，品牌商在实践中看到了京东的发展潜力，意识到了电商线上渠道的前景。京东采购人员肩上的担子很重，他们除了谈生意，还要负责宣传电子商务的重要性。他们费尽口舌，告诉品牌商电子商务这一新的商业模式的优势和好处。经过不懈的努力，多数品牌商动心了，转过身来和京东合作，京东的采购渠道畅通了。

京东在打通采购渠道的过程中，有许多鲜为人知的故事。

京东刚开始卖诺基亚手机时，是从中关村的串货商那里进货。进货成本也不高，货源却没有保证，型号参差不齐。京东逐步做大，需要很大供货量，中关村的串货商已经不能满足京东的需要了。京东负责采购的王笑松当即向刘强东汇报这一情况，并建议京东直接联系诺基亚谈供货。刘强东马上同意了他的策略和建议。王笑松与诺基亚的供货谈判一波三折，并不顺利。他找到诺基亚，对方很冷淡，对京东不感兴趣。王笑松一再让利，用了一个对方无法拒绝的价格拿货。这样，诺基亚才给京东一些货。然而，此举对中关村串货商而言却是极为不利的。他们恶意向诺基亚投诉，说京东越级串货，用低价扰乱市场。2009年初，诺基亚不断发来罚单，京东始料不及，忙于应付。刘强东绞尽脑汁，他决定，让王笑松进一步与诺基亚商谈。王笑松把京东的出货单拿给诺基亚，诺基亚终于明白，京东的销售是将产品直接卖给消费者，并不是低价批发给各区域经销商的串货行为，京东的销售是全国性的，不能算作扰乱市场。诺基亚终于认识到了京东的优势，诺基亚的产品通过京东的线上销售，在全国的三四级城市铺展开来，而这些地区，正是诺基亚最头疼的地方。还有，京东的销售额在工作日比较高，正好与传统实体店周末走高的现象错开，形成互补。诺基亚终于认识了京东线上销售的重要性，全面展开了与京东的合作，甚至还为京东专门定制手机。诺基亚最新的安卓系统手机就是在京东首先上市。

京东终于打开了和诺基亚合作的大门。

随后，京东和许多品牌供应商都建立了双赢的持续合作关系，京东的采购链条出现了前所未有的好形势。为了更好的维护合作关系，京东向品牌商提供自己的销售出货信息，和厂商共同研究制定产品营销策略。研究品牌的专家听说京东的做法后，颇感意外。有人称京东采购策略为“360度成长”。

京东在采购中对厂商直供和经销商供货是有区别的。对经销商供货，京东都要选择两家以上，并且要询价，只给经销商一次报价的机会，从中选择价格低的采购。京东还对经销商进行审核，只和资质良好的经销商谈购货。供货商竞争激烈，都会拼命地压低自己的价格，由此京东就可以拿到价格低的优质产品。

目前，英特尔、惠普、联想、三星、海尔、西门子、AMD、LG、诺基亚等国内外一流企业都和京东有深入的战略合作。京东和厂商直接合作的比例在80%以上，减少中间环节，其价格比实体店低5%至15%。京东和厂商双赢，并能制定更好的营销策略，满足消费者的需求。比如，京东和供货商的合作条款中有一条，供货商需要负责售后服务，如果在销售15日之内，供应商解决不了售后问题，京东有权从汇款中扣留违约金。京东之所以和供应商合作，是因为有些品牌厂家永远不会直接供货。

异地化，是指京东通过在五大城市：北京、上海、广州、武汉、成都的仓储基地实现产品订单的处理，并在五大城市向全国直接发货。这样做减少了产品的在途时间，减少了运营费用。京东在全国建了五个物流中心，2010年完成了最后一个——成都仓储基地的建设。

京东的“三化”采购绝招，加强了与厂商和供应商之间联系，双方共同为电子商务的发展贡献力量，京东逐步成长壮大，成为行业的佼佼者。

步步为营，规模优势决定一切

京东从正式上线那天开始，就与厂商、经销商开始了“没有硝烟的战斗”。而这种博弈贯穿京东的整个发展过程。京东的掌门人刘强东在这个过程中历经痛苦和曲折，他的智慧和韧劲得到了充分发挥，他的压力有多大可想而知。

刘强东始终认为，扩大规模，是博弈取胜的关键。

面临人生最大的机遇和挑战，刘强东感到压力巨大，为了京东的发展和扩张，刘强东常常思考到深夜，不能入睡。为了缓解压力，刘强东喜欢开着越野车到沙漠上奔驰，他是那个相信自己最终总能成功穿越沙漠的人。

刘强东不是那个倒在途中的人，再大的困难，他一定会想尽一切办法，穿越心灵和现实生活中的沙漠。他那辆飙风疾行的越野车，就是他重塑个性风格的意象。每一次，越野归来的他，都会再次意气风发地出现在公司里，沙漠的阳性之美中，也漾进了他的至柔至刚。他又开始了忘我的工作和拼搏。

刘强东的京东，是一家价值观正确、行得正、走得稳的公司。如果市场不发生变化，刘强东不发生战略性误判，那么京东成就“百年品牌”就不是梦想。

当刘强东开车穿越沙漠的时候，一个让京东获得优势的想法成熟了：京东要想在低价战略中取胜，就必须减少中间环节，直接与品牌商合作，这样才能降低成本，赢得利润。要实现这一想法，唯一的出路就是逐步扩大规模，逐步赢得大品牌商的青睐。因此，从京东成立那天起，刘强东就带领京东的团队不断地与采购渠道商们进行博弈。

刘强东在经商初始，就给自己定了个原则：一定把更大的价值留给消费者。

京东开始上线时，规模较小，大渠道商根本不放在眼里。他们对京东不感兴趣。京东只能与中小代理商打交道，进货价格显然要比其他同行商家高。刘强东深深感到，自身不强，发展不大，是不能赢得大渠道商的，低价策略就不能很好地实施。最初的三年，刘强东为打好基础，坚决地实施低价策略，以图发展壮大自己，想尽一切办法增加京东的点击量，吸引客户。另一方面，他组织京东的采购精英们向大品牌商发起猛攻。他们先是接触大品牌商，反复宣传网络销售的好处。这个时候，京东的采购工作是艰苦的，他们费尽口舌，绞尽脑汁，往往以攻下一座堡垒一样的艰辛拿下一个品牌商。有时，竟然需要几个月的时间，才能取得一些进展。尽管这样，一些品牌商仍然心存疑虑，采取观望态度。

在那段日子里，刘东强很痛苦，他在感到任重而道远的同时认识到了前面每一场战斗都是硬仗，这越发坚定了自己的信心，他有一股子越挫越勇的劲头。他总结这一场场的硬仗时说："2005年至2007年，我就做成功了一件事情，那就是供应商这一块。这个过程很痛苦、很曲折，能取得成功的根本原因是利益——我有这么多终端用户，而且以每年三倍的速度增长，有用户就有销量，就不愁找不到供应商。"

刘强东和他的采购精英在与供货商打交道的过程中练就了一身硬本领，就像一支神出鬼没的游击队，特别能战斗。某一产品卖光了，立即就可以补充上，他们精明得很，常常为某一产品的价格，与供应商讨价还价，非弄到最低价格才肯进货。

2007年后，京东形势大好，注册人数达到几十万，一些品牌供应商开始关注京东。刘东强的低价经营模式和战略终于扩大了规模。当时，中国的家电销售利润微薄，平均利润率只有1%，国美、苏宁等强势家电销售商要求供应商的所有品牌交进场费、装修费、促销费和过节费等等，而且，返款周期长达3个月之久，家电企业苦不堪言却无可奈何。而京东作为电子商务却完全不需要这些费用，付款周期只有20天。京东强大的市场潜力，怎能不让供货商们怦然心动呢?

京东终于赢得了客户和供应商。刘强东低价扩大规模的战略成功了。

刘强东通过对京东的经营管理深刻体会到，只有苦练内功，做大企业，才会有更多机会。

2007 年，英特尔中国区总裁杨旭突然亲访京东公司。

刘强东也没有反应过来，他很纳闷，京东销售的英特尔 CPU 不过几十块钱，最高时也就是 138 元，这对于全球电脑处理器霸主而言只是九牛一毛而已。

天下人都知道，英特尔是全球一流的 IT 品牌企业。

刘强东热情地接待了杨旭。可是热情的背后却满是疑团：杨旭来此何意?

杨旭亲切地和刘强东交流着，他告诉刘强东，英特尔公司早就认为网络销售在不久的将来一定会有巨大的市场，所以，他要和京东长期合作。

原来，英特尔公司看出了京东的巨大潜力。

刘强东在惊喜和兴奋中，接过了英特尔公司递给他的橄榄枝，与英特尔公司签署了战略合作协议。

刘强东对英特尔的远见卓识很是感慨。他说："英特尔公司确实是一个很牛的公司，公司那么大，但是对市场的灵敏度依然非常高，他们知道网络销售模式将来会成为一个很大的渠道，所以，现在就来培育，五年十年都没关系，但关键是五年十年之后，我们卖 CPU 肯定会努力推荐英特尔。"

英特尔的橄榄枝让京东名声鹊起，一些大品牌商开始关注京东，与京东合作的 IT 企业也越来越多。

用户体验的神奇效应

刘强东说："要把用户体验放在首位，其次才是规模和利润。我们用尽全力，为用户创造最好的网络购物体验和质优价廉的产品，这才是京东存在的理由。"

刘强东清醒地看到，电子商务本身卖的就是服务和消费者的体验。因此，他把京东经营管理的重点放在用户体验上。不能不说，这是聪明之举。

京东自上线以来，就高举"正品、低价、服务"的旗帜，尽心尽意地为用户服务。这是京东从众多电子商务企业中脱颖而出的法宝之一。

走进京东公司总部，你会看到一个别的公司没有的部门——用户体验部。

京东的"用户体验部"是刘强东在经过慎重思考后才决定成立的。这个部门究竟有多重要？它在京东的发展壮大过程中，究竟起到哪些作用？刘强东为什么成立这么一个部门？

刘强东对"用户就是上帝"这个道理有着深刻的理解。他常常把自己摆在消费者的位置去换位思考，在电子商务的实践中，他悟出了"用户体验决定京东未来"这个既简单又深刻的理念。他说："只要你认为自己做的事情能够给客户带来价值，你就坚定地走下去，不要回头！"

京东的用户体验部是公司最重要的部门，人员多达 20 人以上。刘强东担当首席体验官，公司规定：（1）用户体验部的人员每周都要到各网站买东西，进行体验，从而查找京东网购存在的问题，并加以改进；（2）到自己的网站进行购物，体会购物环节中存在的问题。这一用户体验策略，为京东留住老客户、发展新客户做出了贡献；（3）用户体验部人员要每天看用户的帖子，发现问题，定期写客户意见报告上报公司，及时解决京东网购存在的问题。刘强东在过去的10多年中，坚持每天亲自上网看客户留言，并坚持亲自回复客户意见。他说："公司的用户满意度报告并不会成为我评价客户满意度的依据，我更相信自己的直觉。"

在提升用户体验过程中，京东专门设立了摄影棚，聘用专门摄影师为产品拍照，让客户在购买前，在京东更为直接地看到实物的样子，立体全面地了解产品。在这个过程中，京东没有选择厂家提供的产品照片，而是不遗余力地自己组织拍摄。他们还拍一些小短片介绍产品，让客户放心购买。

京东的做法，在客户中树立了非常好的口碑，也创造了京东的业绩传奇。

物流配送对于电子商务企业来说是最关键的事情。在逐步提升客户体验的过程中，京东非常重视客户投诉，在解决客户投诉过程中，完善物流配送，让客户满意。自京东上线以来，为了保持"正品、低价"，京东坚持参加直供，坚持提高自己的供应链效率，降低运营成本。为了提升服务，京东从邮寄产品到自建物流库房、配送团队，提出"售后服务100分"等措施，承担应由厂家负责的售后维修服务，并为此承担额外成本支出。

刘强东在电子商务的管理中，曾遇到物流配送的瓶颈。那么，他是如何解决这个关系到京东生死存亡的大问题的呢？

为此，刘强东召开公司高管会议，研究自建库房还是租赁库房的问题。大家纷纷发表自己的看法，立刻形成了两种意见：有人说，建库房，投入太大，租个库房一样使用，应该把公司的资金投入到更加紧迫的信息技术、配送等短板问题上；有人反对：租来的库房，存在着面积、供电、采暖等基础设施不完备的问题，这种权宜之计不宜公司的发展，不利于公司的仓储管理体系的投入和建设，和京东未来的发展也不匹配。有人站起来支持主建派：公司未来要上市，需要固定资产，如果连库房都要外包的话，公司几乎没有固定资产。

这种讨论是热烈的，刘强东微笑着倾听大家讨论，他的头脑里已经逐渐形成自己的想法。他看大家意见发表得差不多了，摆了摆手，微笑着却斩钉截铁地说："坚决自建库房、物流和物流团队！"说完，他看了看大家，继续说："眼下，把资金投入自建物流、库房上，无疑是在烧钱，但从长远看，自建库房、物流将给未来的京东节省巨额成本。"

刘强东拍板后不久，京东在北京、广东、上海、成都陆续建立了四个物流基地，占领了华北、华东、华南和西部的市场，公司运作流程畅快了。京东的客户大部分都选择货到付款，针对这种情况，尽快处理订单，收回资金，就能提高运转效率。

尽管如此，刘强东每年都要至少有一天穿上工作服，亲自去送货。他要体验和了解配送员的工作和辛苦，以及配送过程中存在的问题。

刘强东在实施用户体验的同时，可以坦坦荡荡地把京东的后台开放给投资人、内部员工和合作伙伴。他还与政府建立正常的沟通关系，这是新一代商业领军人物新的政商关系理念。

把售后服务做到家

刘强东在多年的经商实践中深深体会到，售后服务是多么重要！如果用户买了有问题的产品，或许不是产品问题，而是配送途中产品损坏，投诉无门，他们在网上的不利言语就会对京东造成负面影响，而这一影响将不可挽回。

中国电子商务逐步成熟，竞争是不可避免的，京东仅仅依赖低价战略，是不能满足市场和竞争需要的。因此，刘强东和他的管理团队为了实现优化服务流程而孜孜不倦地努力着，做最好的服务，成为京东的目标。而把售后服务做到家，成为他们的基本准则。

在京东发展早期，他们不具备产品的维修能力，更没有鉴定产品优劣的资质。发现问题，他要与厂商协调处理，过程繁琐，周期长，弄不好会出现“踢皮球”现象，伤害消费者。

刘强东在进一步加大与厂商的合作中，不得不增加对厂商约束的条款：在京东卖货的厂商要加速商品的退换和返修，否则，京东有权在货款中扣留违约金。这一做法一举四得：解决了返修周期问题；提升了京东的效率；保证了用户的利益；提升了用户体验度。

为了做到售后服务到家，京东建立了总面积超过 1 万平方米的超级呼叫中心，提升了投诉处理能力。

京东不断优化售后服务，刘强东对他的团队提出了更高的要求：“做最好的售后服务。”随后，京东通过不断地与厂商沟通、优化内部服务流程，率先推出“五日售后服务”的承诺，即：京东收到客户返修商品之日起，五个工作日之内，向客户返回良品或者更换新品；超过五个工作日未能处理完毕的，一律按照逾期当天的商品价格退款。后来，京东在北京等城市率先推出“211限时达”的配送承诺，即：当日上午 11 点前提交现货订单（以订单进入出库状态时间开始计算），当日送达。夜里 11 点前提交的现货订单（以订单进入出库状态时间开始计算），第二天 15 点前送达。

对于用户退、换货的处理，京东宁可亏本，也要让顾客满意。

刘强东曾向负责京东呼叫中心客户服务的副总裁授权 4 万元的可支配额度，即：4 万元之内不需要审批，客服主管完全可以自主决定如何处理客户的投诉要求。他没有想到，主管不敢轻易使用授权，他的决策夭折。后来，新的呼叫中心投入运营，刘强东将授权重心给予一线客服人员，此举轻松解决了令他烦恼多年的问题。

刘强东在售后服务上，高标准要求自己，制定一系列服务决策。国家“三包”要求虽然对退货、换货、维修有明确的规定，却没有对处理周期做出规定。京东为了凝聚客户，自我加压，直到客户满意。

有人说，京东是自讨苦吃。这么干工作量加大不说，费用也随之加大。他们完全可以按照国家规定的去做，没有必要给自己加压。刘强东不这么看，他早已悟到了电商之道，懂得了客户的口碑意味着什么，京东多劳点神，费点劲，客户满意了，京东离成功也就不远了。无疑，京东对客服的高标准要求，是对自身管理能力的考验和验证。

因此，京东在发展中，不断调整售后服务。当初，当京东的规模还不大，售后只有依靠厂商处理。曾经有一块主板要返修，结果修了一个月。对此，客户很有意见。客户只想解决问题，他才不管是厂家负责还是京东负责，在你京东买的货，出了问题，就找你京东，不然，声讨你京东的帖子就会发在网络上，京东背上黑锅不说，更重要的是，你得想出解决的办法。为此，2009年，京东因为厂家和供应商不配合，不得不为客户更换产品，总价值竟然高达4000万元，累计损失1700万元。

因售后问题而付出的巨大损失，并没有让刘强东放弃做好售后服务的想法。为了进一步做好售后服务，2009年4月19日，京东在首页显著位置发布承诺：售后100分服务。

所谓“售后100分”，是说自京东售后服务部在收到返回商品并确认属于质量故障开始计时，在100分钟内处理完客户的一切售后问题。如果任何一个符合条件的返修做不到以上承诺，京东除了全额退款外，另外再给予100个积分进行补偿！

这个“售后100分”服务的方案，一传到京东的网页上，就如一股清新醇香的空气，吸引了大批客户，他们看到了京东把顾客奉为上帝，一切为了客户的大气、决心和真诚，他们的感动如同汹涌澎湃的浪潮，一浪高过一浪。

京东“售后100分”服务，终于可以解决困扰京东多年的客服问题。但是，从此，京东就不断往里面投钱。

这种明显亏损的做法到底给京东带来了什么？

“亏损”的“售后100分”给京东营造了“诚信”的气场和氛围，提升了消费者的忠诚度，有了客户的支持和好的口碑，京东的发展还愁吗？这也是京东迅速扩张的秘密之一。

至此，京东的售后服务提高到了一个新的高度。

京东在售后服务方面不断提出新的目标，刘强东信心大增，他说："在 2011 年 4 月 15 日左右，我们推出了两个小时内解决售后服务的承诺。现在，在和厂商的购销合同里面，我们已经规定了厂家在 24 小时内返还修理产品，超过 24 小时就算退货，由厂商承担责任。"

无疑，京东把最大的利益给了消费者。

2012 年，京东联合美国新可安公司率先推出了延保服务。即：消费者购买了产品后，就能在厂家承诺的无偿保修期外，再按合同约定享受 1 至 2 年的保修期服务。延保期内，消费者维修参保产品无需支付维修、配件等任何费用，延保服务是一种质保期过后的增值服务，消费者在质保期过后，仍然能够得到完善的服务。

不论是用户体验，还是京东的承诺，都是刘强东创造京东神话的手段和绝招。

刘强东认为，谁能真正为客户带来最好的用户体验，为客户创造更多价值，这要看谁能够保证产品质量、服务更好、价格最低；谁能真正为合作伙伴带来更低成本、更高效率，为他们创造更多价值，关键是看供应链服务能力；谁能真正为社会创造更多价值，要看谁能为社会提供更多就业机会、税收贡献等。

谁能带来更多价值，谁就能笑到最后！

抓住细节，加大管理力度

刘强东曾说："很多人看电商行业都是仰视，看到的都是几个比较光鲜的，其实，往下看看：尸骨一片！"

管理京东这样的大型电子商务企业不是件容易的事，刘强东是怎么做到把京东管得越来越好的呢？

自电子商务在中国诞生后，大大小小的电子商务B2C网站如雨后春笋般出现在人们的视野里，经过十几年竞争的风风雨雨，京东成为行业老大，到了2010年，销售额超过百亿。

刘强东的法宝就是加大管理力度，不放过任何一个细节，稳扎稳打。对此他坦率地说："我们的工作就是做三件事：完善信息系统、打造强化团队和优化供应链。这条工作主线10年内也不会有变化。京东的本质就是零售商，成败的关键是我们是否能把产品、价格与服务这三个环节做好。我认为B2C电子商务的关键不在于商业模式，而在于细节的执行。"他的话一语道破了他的管理秘诀。

多年来，刘强东带领他的团队抓住管理中的每个环节、每个细节，从大到小，加大管理力度，方是方，圆是圆，一支笔、一个茶杯的去向都明了可查。

刘强东在京东的管理中，依靠信息系统，抓住电商领域的每一个流程和环节，解决问题，堵塞漏洞，去赢得最大的利益。

千里之堤毁于蚁穴，刘强东在实施低价策略时，十分注重细节的比拼。

2008年春节后，京东的销售额以200%的速度增长，但是，利润和流动资金却出现了问题。刘强东为练好内功，迎接更大的挑战而深入思考京东的事务。他从基础做起，先是搭建了考核系统，将毛利润和流动资金作为考核指标，旨在缩短存货时间，并提高应付账款。

有段时间，京东的存货长达18天，这意味着资金周转缓慢，这是关系到公司能否高效运转的大问题。刘强东火速组织了有60人的信息团队，优化了后台的信息系统，用数据来考核京东的成本和效率。规定了技术和采销人员要不断地调整存货规模，以保证在仓储成本和满足订单之间的平衡。京东的存货由 18 天缩短为 7 天。

刘强东心细如丝，他知道，做零售必须在每个细节摸索出自己独特的解决问题的办法。他发现，用户的订单和条形码是分开打印的，最终又要放在一起，如果打印机出现问题，两者就很难匹配在一起，人工辨认成本也高。他采取了分别在订单和条形码上打上对应的符号，这样，辨认就很容易了。

2009 年 10 月 20 日，刘强东在老家江苏宿迁建立了京东的全国客服中心，刘强东赶回去参加客服中心的落成仪式。望着披红挂彩的三层办公楼，刘强东心里很惆怅，他在思考京东客服存在的问题。在此之前，京东已在京、沪、广三地都建立了客服中心，随着京东订单数量的增多，分散的客服中心已经难以满足服务的需求，京东需要提供统一标准的客户服务，建立新的客服中心势在必行。他曾算了一笔账，集中客服可以节省 30% ~40% 的人力成本。一直以来，京东没有开发淘宝旺旺、腾讯 QQ 这样的通讯工具，客户有了问题只能打电话找客服，繁忙时，电话占线，客户打不通，难免有这样那样的怨言。刘强东对技术人员提出要求，开发客服即时服务功能，为客户提供实时追踪商品的发货、快递过程，即使这样，也只能解决部分问题，客户不得不通过电话咨询来解决遇到的问题。他觉得，解决客户咨询已经是摆在眼前的大问题了。他立即召开了公司高层会议，研究如何为客户提供咨询服务、及时搜集客户需求。很快，京东的信息系统对这一问题的解决就有了眉目，到了 2012 年 1 月，京东在线客服开始试运行。

京东的信息系统不同于大多数电商平台，它像一把利剑，垂直切入领域，积累人脉，积累客户，然后，在积累客户规模和充足的后台供应链资源之上，进行横向扩展，朝着建立行业广度方向迈进，把自己打造成行业龙头。

京东的发展靠什么？无疑，靠精细管理。几年来，刘强东对京东的每个员工要求极其严格。他认为，虽然京东是新商业模式，但京东的本质就是零售商，要真正管理好京东，就要把管理做到极致。京东的员工在他的调教下，管理很细密、很精致。大家自觉地做到每个细节都尽善尽美。

有这样一个例子，感人至深。京东的员工在配货装箱时，小商品绝不用大纸箱，这既节约了纸箱，又节约了泡沫和胶带。为了更规范员工的操作，堵塞漏洞，他们的信息系统发挥了作用，能够定期分析每个打包员使用纸箱和胶带的数据，通过分析发现打包员操作的情况，如有偏离，及时提示。

正是京东注重每个细节的管理和控制，使京东的成本压缩到最低，仅2010年就节省胶带费用百万元。这惊人的成绩告诉大家，细节是多么重要，京东的做法是多么高明。如果京东大手大脚，不注重节约成本，就会徒增许多费用，成本增加。

京东的这种成本控制体现在所有的环节上。在配送方式上，京东根据自身发展寻求更好的物流渠道，不断改进配送方式，这不仅提高了配送速度，还降低了成本。在京东上线之初，经过邮局寄送货物，客户要一周或者十天左右才能收到，速度慢不说，客户意见很大。后来，刘强东发现了航空快递这种便捷的物流方式，开始与圆通等快递公司合作，提高了配送的速度，不仅客户满意，成本也减少了。到2007年，京东快速发展，订单每天超过3000个，月销售额达到了3000万元。这时，原有的配送方式又出现了问题，京东再次遇到配送的时效性和服务品质的瓶颈，遭到客户屡屡投诉。刘强东大伤脑筋，下定决心，解决及时配送的问题。很快，京东在北京、上海、广州三地建立了自己的配送队伍和基地，其余地方继续由第三方快递。到了2009年，京东的快递再次升级，京东投入大量资金，在全国20多个城市建立物流配送中心，并成立了全资快递子公司，全面保障京东订单的配送。京东还抓住配送细节问题，提高配送的服务质量，实现移动POS机刷卡付费。消费者的购物体验改善了，与京东的关系更加紧密了，京东成功地赢得了大批客户的认可。

众所周知，企业营销是需要宣传的，而广告往往是宣传的首选。京东的营销宣传手法却与众不同，在发展的早期，他们没有像许多B2C企业那样，网络广告铺天盖地，而是采用口碑的方式推介产品。事实证明，京东的口碑广告法是成功的，它不仅为公司成功获取更多客户，还节省了大量资金。他把这一做法也列为细节的一部分，抓实抓牢。

作为电子商务公司，京东不做品牌而做平台，他们卖的东西都是厂家的，不需要京东做大量的广告宣传，不像凡客等网站都有自己的品牌，离不开广告宣传。就在众多的网站增大对网络广告、搜索引擎投入的时候，京东却反其道而行之，减少这些投入，提高对网络联盟的投入。到2011年，京东已经吸引了几十家网站成为自己的销售联盟。

刘强东带领他的团队就是这样不放过一个个小小的细节，在电商之路上大步前行，在当代谱写京东与众不同的故事。

6 京东与资本对赌的制胜法宝

那是 2007 年夏初的一天。京东的会议室里，坐着公司的高管们，没有人说话，安静的会场里，空气似乎也凝固了。刘强东看了看大家，低头去翻财务报表。目前公司遇到了前所未有的困难，那就是资金短缺。这可是京东的头等大事。京东的一切工作都要围绕此重点开展。

从此，京东进入融资时代。

在这个京东和资本对赌的时期，刘强东能赢吗？他有哪些高招能融到资金呢？他如何在融资后股权不断稀释的情况下，又成功地把握住了控股权呢？

他在寻求资本的路上，胜算究竟有几分呢？

事后，大家终于见到了经过五轮融资，融到数十亿美元的这位 70 后京东公司董事局主席，还稳稳地坐在他的宝座上，指挥着京东在中国 B2C 电子商务领域左冲右突。

终于，经过浴血奋战，刘强东在数轮融资中，让京东在与资本的豪赌中成了赢家。

与资本对赌，困难之中求动力

几年来，京东公司在刘强东的率领下，注重自身发展，苦练内功。在竞争激烈的电子商务领域中，以提高自身的核心竞争力为基点，不断降低成本，提升运营效率，在 2006 年、2007 年仅仅两年的时间里，京东在激烈的竞争中快速发展，同时，规模不断扩张。刘强东顺势而行，先后在广州和上海成立了子公司。这个时候，它的日订单达到了 3000 个以上，而且增长势头迅猛。此时京东需要投入巨额资金，以支持技术应用。

京东资金不断告急，如何解决发展中需要的资金呢？

刘强东日夜思考着，他决定背水一战，与资本对赌！

2006 年初夏的一天，京东财务总监敲开了刘强东办公室的门，报告了公司近期的财务状况，告诉刘强东公司没钱了。

那个时候的京东只有 50 多名员工，专注 IT 产品的销售，销售额已达 6000 万元。面对强势增长，刘强东开始计划扩充京东的产品种类，但他手头上没有钱。京东的毛利率很低，虽然占有了市场份额，却没有赚到钱，仍处于亏损状态。

资金，资金，到哪里去找能让京东活下去并飞速发展的资金呢？

刘强东在办公室徘徊着，夏风轻轻吹进来，拂过办公桌上的文件，拂过他棱角分明又帅气的脸，他的头脑清醒了——寻找风险投资！只有这样，才能解决燃眉之急。

刘强东立即召开公司高管会议，研究融资问题，几经讨论，大家达成了共识。

从此，刘强东踏上了寻求资金的历程。

刘强东像所有早期创业者一样，寻找资金时四处碰壁。他见了很多投资人，受了很多白眼，钱却没有融到。

困难就像一块巨大的顽石，挡在他的面前。

刘强东是那种坚忍不拔的人，外部力量越是艰苦，就越会激发他蕴藏在内心的勇气和力量。就像一粒种子，从大地之下破土而出，顽强生长，开花结果。当年，他怀揣着12000元钱创业时，是多么艰难，他不是挺过来了吗？他还是人大学生的时候，不是欠了24万元的巨额债务吗？他不是都走过来了吗？

世上没有克服不了的困难！

这么多年来，他一路走来，何时没有经过风霜雨雪的洗礼？

现在，京东遇到了资金瓶颈，他在反复思考后，做出了寻找风险投资的决定！无疑，这个决定是冒险的，京东很可能成为资本方的囊中之物！即使这样，刘强东也下定了决心，再“赌”一次。

刘强东拂去眼前的迷雾，开始布局融资棋局。

2007年，京东面临着资金链断裂的危机，刘强东急得夜不能寐。终于，当时中国最大的彩色玻璃壳生产企业——河南安彩集团，愿意投资500万元人民币给京东，很快，150万元到账了。

虽然安彩集团愿意投资给京东，但是其合同约定却是苛刻的，他们要求京东不得再向其他公司融资，这等于锁死了京东的未来。鉴于当时京东发展的困境和危险，刘强东无奈签署了这份合同，如果不签署，京东可能就倒闭了。

刘强东是站在悬崖边上签订的这份合同。

获得注资后，京东的好日子没过几天，安彩集团自身业务发展就遇到了困难，不但后续资金350万元没有打进京东的账户，就连前期投入的150万元也要了回去。京东刚刚盘活的资金链又一次断裂了。刘强东再一次面临着京东即将破产的危险。

这个时候，中国电子商务市场形势火爆。2006年第三季度，我国人均网上购物金额高达572元，与上年同期相比，增长109%。面对火热的市场和京东亏损的现实，刘强东心急如焚，如热锅上的蚂蚁，备受煎熬。

在巨大的压力面前，刘强东失眠了，整夜睡不着。他的心里，无时不在盘算着京东的未来。刘强东是个不服输的人，不管京东能走多远，他都要奋力一搏。

这个志向远大、拥有雄心壮志的年轻人，有着自己独特的京东发展大棋局，那么，目前他该下哪个棋子才能盘活京东？

2006年9月，经朋友介绍，刘强东接触了融资顾问公司——汉能投资公司。汉能老总问刘强东要借多少钱，当时的京东月销售额只有500万元。刘强东说，要100万美元。汉能老总说，等你需要500万美元时再来吧。

刘强东又一次被拒绝！

祸不单行，正当刘强东在寻找投资商的时候，来自电商市场上的打击一个接一个地迎面而来。2006年10月，京东的月销售额突破1000万元。它的异军突起引发了不解、谩骂和谣言，有人指责京东卖假货，否则，不会这么便宜。一些传统销售商则质疑京东的产品是跨区串货而来，没有售后服务和质保等等。甚至有人到工商局举报京东。更有甚者，竟然有渠道商向品牌商施加压力，要求封杀京东的货源。有六七家跨国公司受此影响，拒绝向京东供货。

那段日子，刘强东腹背受敌，压力之大，可想而知。他在无数个失眠的夜晚，思考着京东的出路。

刘强东比任何时候都清醒，他知道，电子商务和传统商务一样，一步走错，就步步错，找不到资金，只有倒闭！现实就是这么残酷！

回忆那段不平凡的日子，他说："2006 年 4 月，我见的第一个投资人已经决定投资我们了。价格也都谈得差不多了，但是没有签合同。这是家国有投资公司，团队想投我们，但是他们的上级审批起来特别麻烦，要经过四道审批，结果没下文了。2006 年秋天，我见的第二个投资人是海外 VC，初步接触了一下，但没有深谈。"

刘强东在寻找风投的路上，可谓是一波三折，历尽艰难，他都记不清楚被人拒绝了多少回了，磨得人心都出了茧子。

对赌资本，绝不让出控股权

2006 年 11 月的一天晚上，北京长安街中国大饭店灯火辉煌，在一间装潢考究的客房里，刘强东见到了今日资本的总裁徐新，两人进行了长达四个小时的谈话。

这次具有历史意义的谈话，给京东插上了腾飞的翅膀。

徐新作为大金融家，她那双阅人无数的眼睛锐利而晶亮，从看到刘强东第一眼起，她就感觉到了他的诚实、善良和魄力。她认为他绝对是个高瞻远瞩、处变不惊、运筹帷幄、决胜千里的企业家。她微笑着听刘强东谈他的京东，当听到他每天都要在网上亲自给用户回帖子以便了解市场时，她决定，风投给他。

随后，徐新专门跑到京东总部去调查，刘强东让她看了京东的 ERP 后台。徐新惊喜地看到，京东在没有花一分广告费的情况下，2006 年的销售额达到约 8000 万元，每月的销售额以 10% 的增长率快速增长，50% 的用户有重复购物行为。当时的京东很小，只有 50 名员工，内部管理也不规范，财务由技术人员监管。对于这些，徐新什么都没有说，她看到了京东的 ERP 系统全面反映了财务、货物等运营状况，财务、货物和员工信息一览无余。

徐新对投资京东很慎重，她的调查是细腻的，她看了京东的 ERP 系统后，又对京东的客户进行了调查，她看到一个让她既钦佩又感动的事实：

一、京东的货物是正品；

二、京东的价格比线下便宜 10% ~20%；

三、客户黏度高，6 个月内重复购买 2 ~3 次的占 50% 以上。

这些情况和京东 ERP 系统的数据完全一致。她认为刘强东抓住了零售商的核心，赞赏京东的“正品、低价、服务”策略。为了实现这 6 个字方针，京东是花了大价钱的，为了保证市场份额，他们的商品往往以进货价格出售，有时甚至低于进货价格。没有钱烧，是做不到这些的。在物流和售后服务方面，京东更是耗费了很多精力，他们的“五日售后服务”和返修产品不超过三天的做法，吸引了许多客户。虽然目前京东的盈利能力比较弱，但是，它的资金周转率和去库存能力居于其他电子商务之首。许多电子商务公司被库存拖累而导致亏损，而京东消化库存的能力却是极强的。京东的这种运作模式让徐新极为赞赏。

徐新作为世界一流风投家，她以锐利的眼光看到了京东的未来。

徐新在认真了解刘强东和他的京东的同时，刘强东也在了解徐新和她的今日资本。

刘强东在寻求资金的过程中，始终心里没底，顾虑重重。他是在经过借贷的失败后，才选择了风险投资。他曾一语道破他当时的心境："对资本，我一开始是懵懂，然后变成充满戒备和芥蒂，对他们提出的各种条款和要求也都慎之又慎。需要他们，又害怕他们。"

尽管刘强东对融资心存疑虑，但是，他骨子里的那种冒险精神，催促他选择了融资这条神秘而又危险的道路，选择了与资本对赌！

当刘强东第一次与徐新沟通时，徐新问他需要多少资金。他说，200 万美元，徐新却想方设法说服他增加融资额度。她帮他算了公司发展需要的资金额度，告诉他，500 万美元都不够。徐新告诉他，应该融资 1000 万美元。这笔资金占京东 30% 的股份，最大的股东依然是刘强东，这一点，徐新没有异议。

对资本市场不了解的刘强东心里问号不断，每一个问号都是大大的。为什么自己要 200 万美元，对方竟给 1000 万美元？她怎么答应得这么痛快？会不会是个陷阱？

此时此刻，刘强东既兴奋又不安。他想到这么多年来，他的京东都是他一个人做下来的，没有合伙人。融资以后的新股东是不是会威胁到他的控股权？他的脑海里，电影镜头似的出现融资失败的故事。投资人通过资本运作把公司创始人赶出局的故事屡屡发生。刘强东真的如履薄冰，度日如年。他回过头来，再看京东，由于规模扩大，花去了京东大量流动资金，京东发不出工资，举步维艰，再不解决资金短缺的问题，京东就会被资金瓶颈卡住脖子，扼住咽喉。京东深陷困境，危机重重！

刘强东在融资过程中，费尽了心思。

刘强东想起《左传·庄公十一年》中的两句话："其兴也勃焉，""其亡也忽焉。"

1945 年 7 月 4 日，毛泽东同志在延安窑洞里会见了应邀来访的黄炎培先生，双方坦诚相待、推心置腹、促膝长谈，给后人留下了一篇振聋发聩的谈话。

黄炎培率直地说："中国历史有一个可怕的周期率，集我六十余年所见，真所谓'其兴也勃焉'、'其亡也忽焉'，一人、一家、一团体、一地方，乃至一国，不少单位都没能跳出这周期率的支配力。开始时从万死中觅取一生，待环境渐渐好了，惰性便渐渐发作，一部历史，'政怠宦成'的也有，'人亡政息'的也有，'求荣取辱'的也有。总之没有能跳出这周期率。"

倾听了黄炎培的忧虑和希望，毛泽东激动地站起身朗声答道："我们已经找到新路，我们能跳出这周期率。这条路就是民主。只有让人民来监督政府，政府才不敢松懈。只有人人起来负责，才不会人亡政息。"

刘强东的京东作为新兴的电子商务企业，其发展和衰亡，正像一个国家的兴衰一样，"其兴也渤焉，""其亡也忽焉。"

刘强东就是刘强东，关键时刻才见英雄本色。最终，他下定了与资本对赌的决心，他必须再"赌"一把！

他的"赌"性，既疯狂又理性，他终于赌赢了，在今日资本的资金注入后，他带领京东团队再次攀上高峰，京东犹如一条巨龙飞舞在电商领域蔚蓝的上空。

山重水复疑无路，柳暗花明又一村。

2007 年 8 月 28 日，北京长安街的中国大饭店热闹非凡，“京东携手今日资本共谋 B2C 天下”的融资签约新闻发布会在此举行。这是个值得京东永远记住的日子，这是京东成立以来获得的第一笔风险投资。

今日资本给京东的风险投资，意味着京东的腾飞和发展。

新闻发布会上，刘强东和徐新紧紧握手。他们欣悦地拿起笔，签署了这份有着历史意义的合同。

今日资本的总裁徐新正式宣布向京东风险投资 1000 万元美元的资金。

今日资本的风投，就如同给京东注入了新鲜的血液，京东起死回生了。

会上，刘强东宣布，京东的域名由变更为 www.360buy.com，公司的 VI 设计时尚、精美、大气，已经有了大网站的风范了。

那么，刘强东和徐新签定的合同是怎样的呢？

这是一份对赌协议：今日资本要求，在未来 5 年内，京东的发展速度每年不得低于 100%。如果刘强东输了，他要拿出一定的股份给今日资本；如果他赢了，今日资本要拿出股份给他以及京东的领导团队和员工。

至此，刘强东在心里欢呼了一声。他与资本的对赌终于成功了！

此刻的他，血液沸腾了，他的事业将攀上新的高峰，他的电商生涯将抹上一层靓丽的色彩。

新闻发布会上，刘强东又遇惊喜，京东与神州数码签订了 3

亿元的2008年度销售合同。京东几乎囊括了神州数码代理的全部产品。之后，京东的信息系统与神州数码的信息系统对接，顾客在网上下单时就可直接看到神州数码仓库里的库存量。哪怕是非工作时间下单购买，订单也会送到神州数码的系统里，工作人员在上班的第一时间就可以看到，保证帮客户留住货。

资本很给力，扩张很顺利

今日资本的资金如同一场及时春雨，滋润着京东干渴的心田。此后，京东的订单猛增，京东用劲狂奔。刘强东将所有的资金都用在做物流、做管理上了，而不是急着把企业做上市，上市圈钱不是他的目标。他首先对原有的财务体系、品牌推广、网站改版和物流配送体系进行改造，用去了整整9个月的时间，将基础运作平台打造成一流网站。同时，他如愿以偿地开始逐步扩充商品种类，数码产品和手机很快上线，且市场看好，销量增长很快。京东还改变了过去单纯靠口碑营销的方式，成立了市场部，专门负责京东的宣传推广，借此扩大京东的影响力。

京东自建配送团队这件事，终于出现在刘强东的议程表上了。

自京东上线以来，刘强东一直梦想着自建配送团队。这个愿望是他的京东发展大棋局里最重要的一步。

在获得融资之前，京东的物流一直外包给第三方物流公司，问题多，不好管理。今日资本的风投资金到位后，刘强东立即决定成立自己的物流公司。一些电商听了他的打算，嘲笑他："有钱就烧包!"还有人认为物流是很低贱的事情，都是农民工在做。京东公司内部的员工对刘强东的决定也不理解、不支持。

面对一片反对声，刘强东微微一笑。他是个有主见的人，认准了的事，他会坚持到底。

坚持自建配送团队是经过痛苦抉择的。

京东在与第三方物流合作时，常常被客户的投诉搞得昏头涨脑。刘强东分析了京东全年各种数据后发现，京东70%的投诉来自物流配送，并且随着销售额的增加，物流方面的投诉越来越多。当京东的日订单量超过了3000件时，第三方物流公司已经无力保证正常的配送了，客户对物流配送的抱怨越来越强烈，改善物流配送势在必行。

刘强东很崇拜亚马逊的创始人杰夫·贝索斯。他在1994年创建亚马逊后，投资超过20亿美元，用了十多年的时间建仓储、物流，丰富产品线，完善服务器及数据库架构。巨大的投资使亚马逊处于长期亏损状态。直到八年后，才开始盈利。2007年，亚马逊的市值超越了eBay。

世界级电子商务企业成功的范例更加坚定了刘强东自建物流配送团队的决心。这样做，不仅仅能够促进销售额的增长，而且，还能保证资金的安全。2007年8月后，京东在北京、上海和广州三地建立了自己的配送队伍，其余的地方继续采用第三方快递。此举大大提升了供应链的效率。

刘强东自建了物流配送团队，不是建了就放任自由，而是严格管理。京东制定了一套配送流程制度，库房人员在收到订单后，从库房把商品发给司机——司机把商品分拨到该城市的配送点——配送点的站长收到货后，分给该站点的配送员——配送员再将包裹送达客户家。客户可以选择刷卡（配送员带POS机），也可以用支票、现金结算，若是使用现金结算，配送员将货款带到站点上交。这套流程解决了货款的安全问题。

融资成功后，刘强东给京东插上了两个翅膀：自建物流体系和自建信息系统。内力增强了，京东开始快速发展。

家有梧桐树，自有凤飞来。一些大品牌商开始青睐京东，自英特尔中国区总裁杨旭亲自登门拜访刘东强，表示要与京东战略合作后，惠普也力挺京东，其笔记本电脑在京东的出货量连续3年都居国内各零售商之首。

资本给力，京东的物流周转率明显加快，运营成本不断降低。2007年，京东的销售额从2006年的8000万元，猛增到3.6亿元，年增长率350%。

7 上下求索，称霸电商

刘强东在漫漫电商路上，上下求索，百折不挠，不遗余力。

在中国电商领域，马云的阿里系在 B2B 和 C2C 方面无人能及，而刘强东的京东在 B2C 方面也是一枝独秀。其他电商不得不跟随两位前行，他们投入巨资打造基础，积极应对京东、淘宝的挑战。刘强东和马云则不断加大投资，夯实物流体系，加大竞争筹码。谁将称霸电商领域，成为新一代电商之王？人们睁大了眼睛，拭目以待。

转型平台，PK 马云

2010 年夏末，雄心勃勃的刘强东站在办公室的窗前，思考着京东的前景。这位儒雅的大男孩心中波涛翻滚，似有万马奔腾，他与生俱来的商人气质，常常会不自觉地将他的心灵带入一种境界，那是他梦想的纯真与虔诚。在他的上下求索中，更细致、更执着。他看了看窗外的夜空，星垂旷野，月涌中天，周围一片寂静。他的思绪却像一树春花，纷纷飘落下来，牵惹情思。京东发展至今，还有什么比"执着"这两个字更能说明问题？不管怎么呕心沥血，京东都要大步前行。这一点，不容质疑。

现在，电商市场发展了，京东自身也发展了，京东再坚持原有的模式，还能适应发展了的市场吗？以往，京东从厂家或经销商那里低价拿货，然后在网上加一点价卖出去。现在，京东在资本的推动下，规模逐渐扩大了，触角延伸到其他细分领域了，京东已经很难再坚守原有的模式了。京东要扩大规模，就得进军其他行业，可京东具备相应的人才和经验吗？

对！京东应该开放平台，在自己具有优势的3C、家电领域坚持自己的销售方式，而在其他领域则通过兼并收购其他电商，或者吸引其他品牌商家、垂直类B2C电商进驻京东平台，京东为其提供物流和信息系统支撑，通过收取服务费赚钱。而这种平台电商模式，与马云的淘宝商城模式已经很相似。

经过缜密的思考，刘强东很兴奋。他快步走到桌前，移动手中的鼠标，去回复客户的留言。他想让自己再清醒些，然后，点击确定。

刘强东从来都清醒地知道，电商的本质是零售。要扩大规模，就要扩展商品的种类。这个时候，增加食品和饮料这一产品大类势在必行。之前，京东尝试着与娃哈哈、汇源、可口可乐等公司合作，在网上直销食品和饮料。刘强东预计，未来2至3年内，食品和饮料收入将占公司总收入的8%左右，而日用百货类产品占15%至20%。业内人都知道，食品饮料行业的价格体系和渠道体系十分复杂。就拿娃哈哈来说，他们在线下有近8000家各级经销商，如果京东线上开卖娃哈哈产品，肯定会冲击多年来辛苦建立的联营式销售体系。而这个销售体系每年给娃哈哈带来超过500亿元的收入。预计娃哈哈在不久的将来，销售规模将可达到1000亿元。

京东重拳出击，规模又有所扩大。

而中国的电商市场也越来越火爆。2008年，IT代工业巨头、富士康老总郭台铭和马云联手组建杭州百世物流公司，助力电商；2010年9月3日，郭台铭又投巨资进军电商领域，上线飞虎乐购，主打3C产品。火爆的电商市场，不仅金融资本看好，连产业资本也坐不住了，迫不及待地一脚踏进来，抢占地盘。

电商领域如此火爆，敏锐、精明的刘强东没有理由不顺势调整京东的发展规划。他的赌性决定了他迅速行动，扩大地盘。2010年9月16日，京东平台开始上线测试，邀请拥有自主品牌、正规的商家进驻。刘强东要求对方不能卖水货和假货，要给京东返点并付广告费。这种联营模式利润率不一定高，它的好处是扩大用户规模，而京东可以通过保底金额或者进驻费用等多种方式赢利。刘强东赶在2010年圣诞节前，在北京召开新闻发布会，正式宣布京东开放平台的商户可以借助京东的物流、信息和支付体系（包括仓储、配送、客服、售后、货到付款、退换货等），省去自建服务体系的成本。

刘强东的这种做法显然是为了称霸电商领域。他的京东和马云的淘宝商城之间，不可避免地燃起了竞争的战火。刘强东首先开火，把和淘宝商城的间接较量转化为正面较量。此时，“赌性”大发的刘强东自信、稳健，任凭风浪起，稳坐钓鱼台。他深邃的目光里，又一次燃起了熊熊的火焰。他笑对火爆的电商市场，爆出："地球村只需要一家商店!"京东要做电商界的沃尔玛。

中国B2C电商领域一片哗然！曾几何时，马云不是也喊过同样的话吗？马云说："淘宝要做沃尔玛，做中国最大的电子商务公司。"还喊出："做中国的UPS!"

当今，中国电商领域究竟谁是老大？刘强东和马云都想做老大，两者之间必燃战火，竞争不可避免。而京东的扩张不可避免地冲击了国美和苏宁的市场。

在这场激烈的竞争中，京东靠什么取胜呢？

大家还记得京东的信息系统吧。这里，有个基于移动终端的比价系统，先进到只要用户利用比价系统，在国美和苏宁及其他百货商场里，用手机对条形码或者商品拍照，就可以知道京东的报价。刘强东的这种下战书的方式，令这两家公司很是头疼。再看马云，他也在悄悄地进行着这一举动。

中国电商领域怎能不再度燃起竞争战火？这种竞争是你死我活的征战，谁的智商高，眼界开阔，谁就能占有市场份额，谁就能在竞争中立于不败之地!

刘强东够聪明，他相信自己的能力，他坚信自己一定会实现梦想。

抓住供应链，勇战美、苏

自从京东上线以来，几乎战火不断的刀光血影里，刘强东是战士，也是将军，他勇敢地迎上去，昂首厮杀在没有硝烟的战场上。

有人说，他是勇往直前的铁腕企业家，电子商务领域靠谱的冒险家，一个超级战士。

事实正是这样。刘强东一直勇往直前地战斗在电商战场上。他还要挑战传统的商业模式，这就引发了国美和苏宁的围剿和反围剿的斗争。

电商界的这匹黑马昂首嘶鸣，让国美和苏宁等企业很是不舒服，刘强东发起的价格战更让他们焦头烂额，他们起来反击了。

所以，从 2008 年 11 月到 2011 年 11 月，这 3 年的时间里，刘强东一直称雄自传统商业模式的国美和苏宁的两面夹击中生存。

面对刘强东的“正品、低价、服务”的策略，国美电器也曾想在电商市场上有所作为。2010 年 6 月，国美公布了新的五年计划，提出国美的电子商务要在 2014 年达到 150 亿元到 200 亿元的规模，在 B2C 市场上的份额达到 15%。其中，3C 产品将成为国美电子商务的主打商品。而 3C 产品是京东核心品类，国美的策略是针对京东的。然而，国美的这个计划因为内部矛盾而搁浅，直到 2011 年 11 月，才开始重新发力电子商务领域。随后，国美收购了家电 B2C 网站库巴网 80% 的股份，国美副总裁牟贵先任库巴网董事长。这个时候的国美坚持库巴网和国美电器网上商城双品牌运作的构想，为库巴网提供家电 B2C 采购、销售和物流配送、售后服务等支持。随即，库巴网掀起价格战。库巴网在线上销售数万种家电、3C 商品，全线降价 5% 至 15%，最大幅度降到 40%，让利总额高达 1000 万元，全面向京东发动攻击。国美觉得这样还不够，他们还在线下有所行动，要求供应商减少京东的供货，以此来抑制和封杀京东的销售规模。

为了遏制京东的快速扩张，国美、苏宁等连锁巨头的各地分公司与对口的供应商分公司都进行了沟通，有的甚至向供应商提出要减少向京东供货的要求，同时国美和苏宁通过总部与供应商签署年度大单的模式来保持采购价格的优势。

面对来自国美和苏宁的两面夹击和釜底抽薪，刘强东昂首迎战。他在微博上发布消息："今早一到办公室，就看到同行在媒体上再次发出'封杀京东'的威胁。其实，为什么不把精力投入到提升内部运营、提高客户满意度上面，而是指责和威胁竞争对手呢？IT 行业 5 年封杀的结果，就是迎来京东和所有 IT 厂商愈来愈紧密的合作，历史已经无数次证明：封杀是幼稚和徒劳的！合作是唯一的选择！"

刘强东说得对，其实，国美和苏宁通过封杀货源和京东竞争是不成熟的做法，也是不可能的。品牌供应商们看到，自家产品在京东的销售量不断增加，他们不会任由国美和苏宁的摆布。而国美和苏宁现有的供应链也比京东强大，何苦呢？让品牌商们受夹板气？何不牺牲短期利益，发动线上和线下的所有的价格战来缩小与京东竞争的差距呢？

面对国美和苏宁来势汹汹的封杀和挑战，刘强东加大了与供应商和品牌商的联系，用减少中间环节，直接合作双赢策略赢得了供应商和品牌商。良性合作，稳定了京东和他们之间的关系，为社会创造更大的价值。京东不但没有受到影响，反而迅速发展，在电商领域越做越大。

刘强东和他的京东，终于经受住了这场考验。

这是刘强东把商业智慧运用到极致的故事。这个故事跌宕起伏，精彩、深邃、壮美，他的隐忍和坚守，释放着阳光般的光华，定格了美德的永恒。

建“亚洲一号”强化内功

2010 年，中国电商环境发生了很大的变化，马云的力量，刘强东的强势，让所有的电商不得不重视，纷纷投资物流体系，夯实基础，应对来自京东和淘宝的挑战。而刘强东和马云则继续发力，加大投资力度，提升能力，远远地走在其他电商前面。

当年 9 月，马云认购普洛斯的股份，普洛斯随后在新加坡证交所正式挂牌交易。普洛斯成为阿里巴巴集团旗下的物流公司。很显然，马云牵手普洛斯，是为了将来做大淘宝物流体系，

普洛斯的物流模式很有特点，即：大仓运作方式。普洛斯只负责买地建仓库，其运营交给别人来做，而且实力雄厚，在中国和日本等 25 个亚太市场，管理着 650 万平方米物流资产。马云为强化内功，可谓下了大功夫。

当当网也不示弱，在同月宣布建成位于北京、上海、广州、成都、武汉、郑州等 10 个城市的物流中心，总面积 18 万平方米。不过，这个面积仅仅是京东的一个超级大库的面积。

另外，凡客诚品和全球最大的 B2C 电商亚马逊也都有动作。凡客诚品打造了 24 小时物流圈，在北京、上海、广州、深圳四地 24 小时送货。亚马逊则在中国建立了总面积为 40 万平方米的十大运营中心，发展潜力可想而知。

面对竞争对手们的动作和雄心，刘强东不断学习竞争对手们的经验，步步为营，强化内功。他感到，目前京东的物流体系已经不适应这种规模的扩张。经过缜密的思索，一个大的计划在他心中成型，他随即召开了董事会，又召开公司高管会，决定在成都建设西

南地区最大的物流仓库——“亚洲一号”，以此强化物流管理系统，挖掘内部巨大的潜力。“亚洲一号”首期投资为6亿至8亿元，2011年下半年开工。二期投资约7亿元，在2014年进入工期建设。“亚洲一号”工程雄伟浩大。之前，西南地区有3个6万平方米的仓库，一个大订单可能会被分解成3个小订单，买一个东西需要收3次货，订单处理速度大约为每单1小时15分钟。这种效率严重影响了京东的人员管理、成本控制和消费者的购物体验。“亚洲一号”投入使用后，订单处理时间可以缩短25分钟，成本降低30%以上。这会大大提升京东在西南地区的物流配送能力。

随后，京东宣布开通56个城市的配送服务，并计划常年开通200个城市的物流配送服务。刘强东还在开发更为先进的信息系统接口，做到货物没退回就能退款，从而实现客户的凝聚力，提升购物体验。同时，京东开始在全国建立一整套大家电采购、销售、物流配送、安装和售后服务体系。京东已经在全国新建了10个配送中心，而且还将在各地继续建配送中心，力争3年内覆盖中国95%的城市。

京东在竞争中，不做小动作，只强化内功。为此，舵主刘强东常常工作到深夜，甚至睡两个小时就上网看一次帖子，回复客户的问题。他的每一天都是从早会开始的。然后，他忙碌的身影在阳光中闪现。

他走向会场，研究京东的战略政策；他接待来访的各界人士，为京东的扩张竭尽全力；他在四处奔波，辗转每个城市解决物流问题；他走向谈判桌，为京东迎来发展的春天；他无法掩饰自己骨子里的商人情结，他喜欢在休息或者开会前思考和聊天；他喜欢在压力大时，开着越野车独自奔驰，或者在静静的河边钓鱼，这个时候，他的思绪会从残酷的电商竞争中放松下来，享受生活；他的微博，往往是在零碎的时间里，从他的指尖触摸键盘中而诞生。

无疑，他的上下求索，使他成为最富有传奇色彩的电商。

发动图书价格战，巧斗对手妙周旋

近年来，京东飞速发展，规模不断扩大。到2010年，产品种类已经涉及家电、百货、食品、饮料等，门类齐全，种类繁多。而刘强东却看到，还有一样没有进入京东，那就是图书。京东在大力扩张时，会不会把图书揽进自己的怀抱，成为又一品牌呢？

京东一直静默着。业内人士都拭目以待。图书业务占营业收入70%的当当网当家人李国庆也没当回事。

2010年初，刘强东公开表示："京东5年内不会涉足图书业，也不会考虑国际化战略。"他补充说："国内图书市场主要是因为盗版的原因导致价格太低，经营的利润根本不足以抵消经营的成本，国外一本书动辄定价几十美元、上百美元，而国内的书十几元甚至几元的都很常见，再打个五折、六折，一本书的毛利可能有20%，可毛利率的值只有一两块钱，连包装费都挣不出来。如果某个品类单价低于100元，京东是不会进入的。"

他信誓旦旦，再加上他那一脸的忠厚表情，看来真的是不想涉足图书。

转眼，暮秋时节，刘强东突然宣布：为满足用户需要，京东将推出图书频道。

人们恍然大悟，原来，京东早已组建好图书团队开始为图书频道上线做准备了。

狡黠的刘强东虚晃一枪，把人们引入雾里看花的境地，而他却像一匹昂首嘶鸣的黑色烈马，冲上了电商图书市场，直奔当当网的发行价格而去。志得意满的李国庆在毫无防备的情况下，猛然挨了一闷棍，而电商界一片哗然。

刘强东有自己的打法。他自顾自地展开一场旷世的图书价格战。

2010 年 12 月 8 日，当当网总裁李国庆和妻子俞渝踌躇满志地走进纽约证券交易所敲钟，宣布当当网上市，筹得 2.72 亿美元，以首日收盘价 29.91 美元/股计算，李国庆夫妇的财富超过 10 亿美元。

刘强东得知这一消息，立即在微博里发表了热情洋溢的祝贺词。然后，笔锋一转，写到："调整比价系统，从下周二开始，每本书都比对手便宜 20%。"以往，京东每扩张进一个新品类，都会血腥杀价。

李国庆怎么能忍受这样的挑衅？

李国庆，当当网的创始人，中国最早的电商之一，"电脑千年虫"的称号更让他蒙上了一层朦胧的面纱，神秘而高不可攀。当年，李国庆创业时，刘强东还在人大念书呢！回忆当年的创业，心高气傲的李国庆除了自豪还是自豪，志得意满的李国庆真的很清高、很骄傲。

那是 1992 年，妻子俞渝凭借在华尔街的人脉，拿到 680 万美元的投资，李国庆就脱离体制下海了，创办了当当网。凭着他的睿智和才干，再加上精耕细作，走到今天，形成了以图书销售为主，同时销售百货、3C 数码类商品的大型网上商城。现在，京东像一匹尥蹶子的烈马，硬是闯了进来，威胁到了当当的安危，李国庆岂肯后退？

李国庆在巨大的压力下表态了："融资后，我们将对价格战采取报复性还击。"

从此，拉开了两个对手你死我活的价格战争，在刘强东的导演下，越演越烈。

有这样几个镜头，让我们一起回顾两个对手的战争。

镜头一：刘强东在微博中写道："刚有个网友发来短信报怨，说老刘你的书是便宜，但也就便宜 5% 至 10%，不给力啊。我说便宜多少才算给力？他说 20%。我说，好，我们调整比价系统，从下周二开始，每本书都比对手便宜 20%！"

李国庆马上回应："大家都有比价工具，图书降 10 个折扣才降 2 元至 3 元。"

刘强东捂住偷笑着的嘴，说："本想低头默声不再公开谈论江湖之事，避免成为攻击的靶子！无奈垄断和潜规则横行的行业令人窒息。与其被闷死，不如挣扎呐喊！这是人之本能而已！我只是一个四处呼喊公平竞争的市场主义者！我不是坏孩子！真的！"

镜头二：刘强东像个淘气大孩子，在玩战斗游戏。他在微博里称即将进行的降价行为为"图书大战"，并关切地问："国庆，准备好了吗？"李国庆看到他的挑逗，气从胆边生，马上在微博回应："1 元至 2 元的便宜也不能输，我们由价格指数调查，目前是全网最低价，我等着看谁送书能比我快呢！"无奈的李国庆招架不住刘强东的攻势，松动了价格。刘强东并不放松，继续挑战："国庆，我们的图书品种已经 22 万种了，你得抓紧系统改进了，至于配送速度，客户说了算。我们就别评论了。"

镜头三：刘强东一大早就发了条微博："今天凌晨，我们兑现了承诺，已经在京东价格的基础上再给会员打八折，如果网友们发现任何一本书的会员价没有便宜 20% 以上可以举报。我们会在 24 小时内继续降价，确保便宜 20% 以上，直至价格降到零！"

刘强东一副战斗者的姿态，不依不饶。李国庆那边却没了声音。之后，刘强东再度掀起价格战的高潮："如果国庆依然保持沉默，抑或明日当当网股价继续下跌，我会考虑提价的。我只希望国庆明白，上市不代表无可匹敌，这场价格战你是打不起的！"

李国庆没有回声，却以庆祝当当网上市为名，宣布站内图书及音像商品举行"全场满 119 返 30、满 199 返 50、满 999 返 300"的促销活动，算是迎战了。

镜头四：这个时候，突然发生了"邮件门"事件。原来，李国庆表面没有了动静，却在暗地里利用自己的人脉做武器了，他施压给供应商，对京东断供！这一手段与国美、苏宁如出一辙，是要断了京东的后路。刘强东立即还击，揭露了"邮件门"事件的始末。他在微博上毫不留情地爆料，充满了火药味："你们（暗指当当网）昨天又给所有出版社发去邮件，很多出版社都转发给了我们。你们的邮件声称自己是上市公司，有无数的钱，京东只有风投可怜的一点资金，很快会烧完，要求出版社不要站错队，并立即停止向京东供货，等等。我真想公开你的邮件内容让大家评评理！威胁的意味太重了！劝你尊重合作伙伴。"

李国庆无奈，只能说这是员工的私人行为，不代表当当官方。

刘强东再出击："我创业 12 年来第二次被激怒！一切都是国庆对我们封杀得太狠！几乎无法公平竞争！"

镜头五：京东和当当两家电商的价格战争打得难解难分，互相唱戏拆台，冷嘲热讽，你死我活。

面对京东的攻势，李国庆也不示弱，当即斥资 4000 万元促销，说："如果京东能拿到 10 倍于我的融资，我就缴械投降。"

刘强东听了，咧嘴笑了。那笑容是否包含着轻蔑的成分？他说："本想忍住不说！可是实在难受。遇到 10 倍于自己的对手就缴枪，绝非创业者该有的精神，用3000 万干掉 3 个亿的企业，才是创业者该有的追求和气质！"这也是一句真话。

两个不甘寂寞的对手，你一句我一句的，你一招我一式得打了几个回合，大有不争出个你高我低誓不罢休的势头！

这场图书价格大战也让其他电商耐不住寂寞了，他们纷纷参战，一些莫名其妙的图书出版商也卷进来，在价格战的漩涡里冲浪。最狼狈的应该是亚马逊中国，它被迫跟进发动价格战，捏着鼻子宣布，圣诞和元旦期间推出："全场书价降价 20%，全场免运费"的最给力的促销活动。

刘强东越战越勇，就像一个真正的斗士，义无反顾地投身这场大战。他事后有句很精彩的话："价格战一天不打就会死。"从京东转型进入电商领域起，他哪一天不是辗转于明争暗斗之中呢？京东的生意做得风生水起，不是这样上下求索的结果吗？

现在，这位年轻的电商之王，闪动着那双炯炯有神的大眼睛，怀着大无畏的精神，胸有成竹地挥舞着刀戈剑戟迎战，电商价格战场一片刀光剑影。越战越勇的刘强东信心百倍，在硝烟滚滚的战场上，演练着超越和超拔的能力。面对李国庆的挑战，他马上拿出高出李国庆一倍的资金，也就是 8000 万元，叫板当当网。他愤怒地说："封杀实质上就是一种暴利垄断，试图扼杀竞争，维护自己既得的暴利。"

紧接着刘强东在微博里公布了当当网发给供货商的“停供”邮件。45分钟后，刘强东又发了一条微博：“抬头看到办公室的‘静思勤忍’4个大字，发了很长时间的呆！也许，我不该把这些商业上的烂事公开出来影响大家的清净，我也浮躁了！”

是道歉还是检讨？抑或另有其意？

李国庆有点招架不住了，他在微博上转载了一条用户投诉京东送货4天还没到的消息，宣称当当网八成顾客的商品当日送达，剩下的两成是次日送达。

刘强东像个顽皮的孩子马上回应：“京东正24小时开工建设广州、成都和武汉图书仓库，以提高配送速度。”并亲热地说：“国庆！我一会儿就要出发去武汉买地了！一会儿再聊。”

李国庆看了，哭笑不得。他在微博里叹息：“靠巨额亏损的价格战打败对手，清空市场后自己再提价获利，从来就没有因此成功的案例。”

两个对手价格战是什么结局呢？

赚了大钱和人气！比打广告可是强了百倍！

在此次价格战中，当当网的图书收入达5.5亿元，京东呢，其图书销售收入达到当当网的84%，并占有了原来当当网的部分图书市场份额。李国庆元气大伤，图书市场份额被刘强东分吃，又没有实力去发展百货和3C数码市场。

刘强东大获全胜！

一场接一场的竞争，加速了京东前进的步伐，京东的发展以不可遏制的速度前行，就像风暴中的海潮，汹涌澎湃地推着浪涛滚滚向前。京东吸引了一大批投资人和供应商，其资金规模超过了麦考林和当当网两家公司公开上市所募集资金的两倍。与此同时，京东还与供应商签下了200亿元的订货单，还是主打3C类产品，并且实现了绝大多数产品由品牌商直供。那些曾经封杀过和不理睬京东的供应商，也顺势来了个美丽的转身，前呼后拥地来向京东示好。

意气风发的刘强东掌握了资本、市场和供应商，他叱咤风云般对业内同行们说："明年（指2012年）是中国电子商务全面竞争元年，会很惨烈！"

刘强东笑傲江湖，称心如意地称霸电商领域了。

从风雨中走来

京东2004年上线，仅仅10年的时间，就奇迹般地从强敌如云的围剿中杀出重围，成为第一个实现年销售额百亿元、到了2013年又实现了千亿元的电子商务企业，成为众多中国B2C电子商务企业的楷模和风向标。

人们不禁要问，京东在不赚钱的电商行业，又是如何跳出不死的迷局呢？刘强东又是怎样从"摆摊"开始，进而成为颠覆传统商业模式的勇士呢？

刘强东这位时代的骄子，在追求中国梦的路上，展示着一种可望而不可及的魅力！

京东在成长的路上，一直伴随着风风雨雨，有狂风暴雨，也有小雨绵绵。

京东的战略有6个字："正品、低价、服务。"这6字战略竟为京东凝聚了大量客户，京东也确实按照这一策略全心全意地为客户服务。尽管如此，还是出现一些不尽人意的现象，给京东带来不良影响。

2010 年 5 月 19 日，刘强东在一个论坛说：“京东要放弃不会网上下单和不愿意下楼取货的用户。”

没想到这句话引来轩然大波。先是此言一出，引来一片骂声。当然，也有的网友表示理解，认为刘强东的话反映了许多现实问题。此后，一家媒体报道了刘强东的讲话，又引起骂声一片。一时间，风雨袭来，刘强东甚是郁闷，他的心，有些刺痛。

本来，作为电子商务企业，在运行中淘汰一些不适合网上购物的客户是正常行为。可谁会想到，刘强东的表态竟引来这么多的骂声？

京东对用户的困惑和媒体报道很快做出回应，公关部门马上发布紧急公告予以辟谣，表明刘强东的讲话被媒体断章取义，是恶意炒作。

公告发出后，这场风波平息了，不过，留给京东人的思考却绵延下来。

发展中，京东一如既往，不断选择、淘汰客户。刘强东一直认为，中国能有 10% 的人成为京东的客户，就是一个非常大的市场，没有必要覆盖所有人。京东曾经不做女孩子的生意，因为她们不会硬盘格式化。刘强东认为，这样的客户应该到中关村去购物。京东通过与客户打交道，逐步把客户定位于年龄在 25 岁至 30 岁之间经过正规学校训练，素质较高，对 IT 专业知识比较了解的人群。此外，年龄 40 岁至 50 岁对网络较熟的人群，也被归入京东的目标客户。

实践证明，京东的客户群越来越多，忠诚度也越来越高。由此，公司内部的运营成本降低了，效率提高了，以前存在的一些问题也都没有了。

京东在发展中一直受到这样那样消息的纠缠。

就在京东开足马力，飞速前行的档口，发生了这样一件事，这对京东坚持“正品”的形象造成严重损害。那是2010年11月19日，原本一切正常，突然，网络上爆出了京东“艳照笔记本”事件。有媒体报道，用户反映，在京东购买的新电脑有被使用过的迹象，并且包含大量色情暴力照片及视频。这件事情在微博里引起广泛讨论，严重影响了京东的形象。

刘强东马上组织京东管理团队的有关人员和笔记本厂商一起寻找爆料网友，试图鉴别文件日期，但是，当事人拒绝了他们。刘强东随即声明：“京东的进货渠道可以确保产品不会有任何问题。”然后，他在微博里承诺：“只要该笔记本里的艳照确实是在产品出售之前存在，老刘我当即赔偿他10万现金。”

到现在，也不知道这件事究竟是怎么回事。但是，由于京东坚持“正品”和“服务”战略，这些负面消息始终不能损害京东的声誉。

刘强东心里很清楚，没有什么是完美的，京东的管理虽然很先进，但不完美，会存在漏洞，而解决的办法就是及时发现漏洞，及时堵上。对于销售人员私自接受厂家宴请及发生的有伤风化的行为，以及涉嫌收受供货商的过节费、好处费、销售返点，甚至联合供应商恶意抬高京东进货价获得价差侵占公司款项的行为，刘强东都给予审计和处分。

风雨过后见彩虹。京东在风雨中，昂首伫立，越来越强大。

8
再度融资的精彩篇章

京东的第一轮融资圆满完成后，在资本的推动下，京东像一匹仰首嘶鸣的战马，在激情燃烧的岁月里奋勇向前。刘强东就像骑在战马上勇往直前的战士，挥舞着手中的战刀，冲向战场，带领他的团队，用“低成本高效率”战略，一路高歌，颠覆着传统消费模式与格局，显示着一代电商的英雄本色。

辩证法告诉我们，事情都有两个方面。

京东一方面是快速增长，另一方面却是增长带来的资金短缺。2008 年，京东的销售收入接近 14 亿元，月复合增长率超过 10%。增长速度太快，给京东带来了巨大的压力，京东的物流配送、人员结构、毛利水平都不适应新的形势，无法满足运营的需要。资金一再告急，严重地束缚了京东的手脚。刘强东又一次陷入了资金短缺的漩涡。

这巨大的压力他能否承受？他又该怎样摆脱压力，开天辟地给京东创造一个新的天地？

陷入迅速增长的漩涡

屋漏偏逢连夜雨。

2008 年 8 月，全球爆发金融危机，几乎影响到所有的企业，企业破产的事情时有发生。企业家人人自危，风险投资商也告诫他们投资的企业放慢发展速度。刘强东和京东的高层们经过慎重的研究，一致认为，在金融危机下，网购也会受到影响，应该放慢物流的建设速度。谁知，事情却朝着出乎人们意料的方向发展，京东的总订单量不但没有减少，反而激增。到了年底，每天的出货量比预期多出了 30%，京东的物流体系面临严峻的考验。京东必须迅速解决物流问题，才能适应发展的需要。

京东居然在世界金融危机中进入了“疯长期”。

刘强东又一次陷入了资金短缺的漩涡，一个又一个资金告急的信息传来！

考验刘强东胆识和魄力的时刻又一次降临了。

多年来，刘强东带领京东从创业到发展，从线下到线上，经历了多少磨难和失意？又创造了怎样的奇迹和辉煌？以他的意志力和管理才能，一步步地走到今天，京东占了天时地利人和，即使面临世界金融危机，京东的订单仍然火爆，这本来是好事，可是，京东的物流出现了问题，京东爆仓了！

压力如同一块巨石，又一次压在了年轻的企业家刘强东身上！

这压力究竟有多大呢？听听刘强东的话吧：“一天一万单，

仓库保管员腿都跑细了，只能涨工资；配送跟不上发展的速度，客户投诉越来越多，最后发展到连电话线都不够，只能将呼叫中心搬到宿迁。办公室也一直在搬，一次只能管半年左右。”

京东要发展就需要资金，没有资金就举步维艰。为了资金，他几乎夜夜失眠，头发都愁白了。他想尽了办法来缓解资金压力，他找到徐新，通过今日资本得到几次过桥贷款，虽然缓解了一时的压力，但终究是杯水车薪。几位欲投京东的投资家，因世界金融危机，纷纷反悔撤退。面对巨大的压力，刘强东茫然无措。

作为新兴的中国 B2C 电商企业，如果无人投资，只能等死！那是不敢想象的事情，也是谁都不愿意发生的事情。刘强东在经济危机来临时，遭遇了严重的资金问题。

刘强东是那种百折不挠、不遗余力地去追求和探索的战士，他不会被困难压倒，他相信总有一天“长风破浪会有时，直挂云帆济沧海。”他要坚持，他要搏击，他要在黑暗的隧道里寻到那条细缝，看到蓝蓝的天和天上的红日白云。哪怕是上九天揽月，下五洋捉鳖，他都义无反顾。他整理好思绪，又一次踏上寻求融资之路。

这时，徐新走过来，又一次帮助了他。自从第一次投资京东后，徐新就十分看好京东。现在，京东遇到了前所未有的资金问题，她要站出来再帮他一把。她告诉刘强东，今日资本可以再给京东 800 万美元，帮京东度过困难时期。刘强东又一次看到了希望。他欣然接受了徐新的帮助。更让刘强东惊喜的是，徐新为他牵线搭桥，引荐了雄牛资本的主管人黄灌球。

对于这件事，徐新曾说：“我们还是相信他，又给了他 800 万美元。我以前投过网易，也遇到过困难的时期，所以，我相信坚持的力量。”

徐新慧眼识珠，一直对刘强东满怀信心，关爱有加。当她听说雄牛资本制定了“百富勤大中华资本增值基金”项目以后，马上向黄灌球介绍了刘强东和他的京东。

黄灌球立即考察了京东，尤其对京东的信息系统、物流配送体系以及销售事业出身的团队称赞有加，他说：“实际上，京东 B2C 是表现形式，零售业所需要的物流配送、保修服务、发票提供等核心事项都已步入正轨。”这个时候的京东已成为中国内地 3C 网上销售的领导品牌，而雄牛资本投资京东也是顺理成章。

刘强东首次与黄灌球见面，就坦诚地介绍了京东的发展模式，详细地解释了京东的运营指标，说明了京东的库存周转天数在 10 天左右，应付账款的账期一般在 20 天左右，而各项费用率控制在 7% 左右，低费用率可以让京东在价格上继续保持优势。

黄灌球听了刘强东的介绍，很感兴趣，再加上徐新的夸赞、自己的调查，基本就决定了投资京东。他事后说：“我们解释了资本市场目前的状况，京东管理团队在定价方面非常现实。”

雄牛资本投资京东开了投资内地企业的先河。雄牛资本本来是想投入更多的资金，不过，刘强东有自己需要的数目，徐新也不希望自身股权稀释，所以，他们拒绝了更多的投资。

刘强东是个极具个人魅力的人，他既讲原则又很灵活，既有大局观念又有很强的执行力，因此，他能够在金融危机的情况下成功融资，盘活企业，使京东有了大踏步前进的机会。

2008 年 10 月的一天，今日资本在北京举办研讨会，徐新要求刘强东做简短演讲。刘强东稳健地走上台去，侃侃而谈、他机智的谈吐，清晰的思路，把京东的发展模式和预定目标说得详尽而生动。他的眉宇间闪动着一股豪气，把他的个人魅力充分地展示出来。他的发言刚一结束，大家就给予热烈的掌声。

与会者中一位风流倜傥的人端坐着，一看就是位名人雅士。只见他眼睛不眨地看着刘强东，不时地流露出欣赏的光芒。他就是中国投资界的传奇人物，被誉为“红筹之父”的香港人梁伯韬。梁伯韬在香港创建的私人商人银行——百富强投资，从 3 亿元股本做起，仅用了四年的时间，就把公司做成控有市值逾 50 亿元的上市公司。他还帮上海石化等一些大陆企业在香港上市融资，成为投资行业风向标式的人物。

此时，梁伯韬那双炯炯有神的眼睛，望着发完言朝台后走去的刘强东的背影，若有所思，随后，他悄悄地对工作人员说：“我希望会后的宴会能和这个小伙子坐在一起。”

宴会上，大家推杯换盏，热烈交谈。梁伯韬和刘强东说着话，他问刘强东是否需要投资。

刘强东目光深邃，气色沉静，说：“京东目前很需要钱。”

两个人谈了一个多小时，最后，梁伯韬拍板：“给京东融资 100 万美元。”

在京东遇到资金瓶颈时，刘强东的个人魅力又一次让京东插上了飞翔的翅膀。

与老虎环球基金对赌

刘强东带领京东迅速发展，资金短缺无时无刻不伴随在他的左右，它像一座大山，拦在京东发展的路上。资金告急的时候，刘强东吃不好睡不着，日夜想着如何弄到能让京东这匹马儿吃饱的草。他踏破铁鞋，四处寻觅资金，他不能“又要马儿跑，又要马儿不吃草”。

刘强东的苦恼可想而知。已经完成了前两轮融资的京东，就像开足马力的火车，轰隆隆地奔向前方。这个时候，资金短缺又像一座山挡住了他前进的道路。

巧妇难为无米之炊。

时光到了2009年，京东已经连续五年保持每年300%的增长速度，而这一年，京东的营业额接近40亿元，注册用户超过600万，并以46.7%的3C网购份额成为中国最大的B2C电子商务企业。

这个时候，老虎环球基金公司找到刘强东，主动要求注资京东。

在一个艳阳高照、晴空朗日的日子里，刘东强带着CFO和助理回到老家江苏宿迁，参加京东服务呼叫中心开业典礼。典礼的热闹场面和当地政府的支持，让刘强东感到了父老乡亲们的情义和温暖，他被浓浓的乡情所感染，心情好极了。会议开始不久，他的手机响了，他一看，是个不熟悉的号码，他没有犹豫，立即接通了电话，一问，才知道是老虎环球基金中国区总经理陈小红。得知对方身份后，刘强东吃了一惊，老虎环球基金是一家了不得的国际风险投资公司，为何给他电话呢？

陈小红在电话里单刀直入地告诉刘强东，老虎环球基金要投资京东。

正纳闷的刘强东闻言心中一喜，他没有让对方听出他的兴奋，而是公事公办地与对方讨价还价，同时，低头寻思，老虎环球基金怎么会主动投资京东呢？

原来，近年来，老虎环球基金一直在关注中国电子商务企业的发展，他们拉了个电商企业名单，按销售业绩排名，京东荣居首位。老虎环球基金相关负责人表示：注资京东是看到了电子商务在中国的飞速发展以及巨大的商业潜力。于是，老虎环球基金决定投资京东。不久，他们就向京东递来了橄榄枝。

望着那绿色的橄榄枝，刘强东很是激动，如果当初不下定决心做大京东，也不会有今天的与老虎环球基金的对赌。

刘强东经过思考，很快与对方商定了初步投资金额。然后，老虎环球基金要求回总部研究投资问题，并向他承诺会在最快的时间内敲定融资事项。

刘强东再一次深深感到，商场就是战场，只有把企业做大做强，才会有发展的机会。他为自己以前追求京东发展规模的策略深感欣慰。

老虎环球基金是朱利安·罗伯逊在1980年创立的，创建时，仅有资金800万美元。8年后，其资产迅速膨胀到220亿美元，以年均盈利25%的业绩在全世界排名第二，成为举世闻名的基金管理公司。其麾下有多个对冲基金及私募股权基金，它以新兴企业为重点，投资遍布世界各地。这样一家大的风投公司主动找刘强东要求风投，刘强东既兴奋又担心。自从做零售商，刘强东很是关注世界投资方面的信息。老虎环球基金公司是在世界范围内享有盛名的投资公司，他们看好京东，是因为他们看好中国的B2C电子商务市场，而京东是最有可能在中国电子商务市场上笑到最后的一家。

刘强东正好利用这一机会，把京东做大做强。事实证明，刘强东的想法是正确的。

七天后，刘强东接到了老虎环球基金公司的国际长途电话，提出要为京东投资1.5亿美元。刘强东没有马上答应，经过谨慎思考，表示需要董事会研究确定后再答复。

刘强东立即召开董事会，经过认真缜密的讨论，一致认为，京东要发展，完全可以接受老虎环球基金的投资。董事会会议结束后，刘强东给老虎环球基金回电话，告诉对方，融资数目可以接受。按照双方约定，这笔融资为 C 轮投资，并细分为 C1 轮和 C2 轮，2010 年 1 月 27 日，C1 轮融资款 7500 万美元打到京东的账户上，年底 C2 轮 7500 万美元打到京东的账户上。京东获得老虎环球基金 1.5 亿美元的融资。

在全世界深陷金融危机之际，这笔投资应该是中国互联网企业史上最大的一笔投资。

刘强东是一个把诚信看做企业生命的人，他常说，做生意要先做人。在诚信问题上，他严格要求自己，也严格要求公司员工。不论是普通员工还是公司高级管理者，都要自觉坚守诚信的原则。

在京东的发展策略——“正品、低价、服务”这三点中，无一不包含着诚信。诚信第一，早已成为京东人的信条，做生意就是要童叟无欺。

刘强东在管理京东的实践中，坚持把客户奉为上帝，宁可不赚钱，甚至亏本，也不损害客户的利益。他的人品和风度，受到电子商务行业和各界及客户的好评。自从他开始经商，就把诚信当做经营京东的理念，时刻来约束自己。在获得老虎环球基金投资金过程中，他的诚信表现得格外突出。

就在他和老虎环球基金谈定了投资金额后，发生了这样一件事情，足以看出刘强东的人格和品质以及他的诚信和风范。

那天，刘强东召开公司董事会，决定接受老虎基金投资的额度。这个决定刚一确定，他马上给对方打电话通知了对方。然而，他刚放下电话，就接到另一家风投公司的电话，报价投京东的数目比老虎环球基金要多出 1 亿元人民币。这 1 亿元对于京东这种发展中的企业来说不是小数目，京东在快速发展中真的特别需要钱。而且，京东和老虎环球基金谈定的投资，只是口头的约定，并没有签订任何书面协议。刘强东的心里，有那么一刹那的犹豫，他知道京东缺的就是钱，他考虑了片刻，1 亿元虽然重要，但比起公司的信誉来，显然后者更重要！他立即坚决地拒绝了对方，他不能因为这 1 亿元资金而失去了信誉。他轻咳了一声，用浑厚的声音说："对不起，在你们之前，我已经答应了另外一家风险投资公司了。"

后来，在一次商务谈判中，有人问起这件事，刘强东微笑着说："我觉得诚信远比 1 亿元更重要，它是我做人的原则，也是京东的经营理念。"

说得多么好哇！言语中没有丝毫的后悔。

2009 年的冬天，北京的天气格外寒冷。这天，从美国来了两个人，他们下了飞机，直奔京东公司总部。原来，他们是老虎环球基金的两位合伙人，来和刘强东谈投资事宜。京东的工作人员告诉他们，此刻，刘强东正在上海分公司处理工作呢。老虎环球基金的合伙人告别京东工作人员，马不停蹄地直奔北京机场，连夜飞往上海。他们飞到上海，刘强东却已经离开上海去了宿迁。老虎环球基金的合伙人又一次扑了空。连续的追踪，他们人已经很疲惫，两个人商量了一下，觉得必须立即见到刘强东！于是，他们立即赶赴宿迁。

好事多磨。老虎环球基金的两位合伙人辗转三地，不远万里，终于见到了刘强东。

会谈中，刘强东想把中国电子商务的现状和京东的发展情况向对方详细介绍一下，没想到，对方早已对此了如指掌，并单刀直入地问刘强东要多少资金。

刘强东稳健地一笑，信心十足地说出了京东需要的数目，这个数目比上轮融资高出很多，对方没有提出异议。经过深度沟通和交流，双方签署了框架协议，只等待双方敲定合作具体事宜了。

老虎环球基金为何不远万里追踪刘强东？

刘强东只用几年的时间，就把京东做大做强，不仅占有3C网购46.7%的市场份额，而且还在飞速发展，这绝对是中国B2C行业的老大。京东在业内的地位和发展是举世瞩目的。

正是因为京东发展了，扩大了，才上演了一场“老虎追强东”的人间大戏。其精彩剧情至今还为业内人士津津乐道。

京东完善的发展规划、高速度的发展、具有希望的广阔前景和刘强东踏实、真诚的做事风格，得到了投资者的青睐。

老虎环球基金完全被京东的发展业绩所折服，不可避免地关注中国这个大市场上的“电商之王”，他们完全被京东公布的数据所吸引，主动投资给京东。这就是京东发展的魅力、规模的魅力所致。

京东将此次融资的50%用于仓储、配送和售后服务能力的提升，为快速发展又一次插上了飞翔的翅膀。

三轮融资，一次比一次精彩

刘强东在经营京东的过程中，通过三轮融资，使京东插上了腾飞的翅膀，并以惊人的速度奔驰在中国B2C电子商务领域这块热土上。

这三轮融资的精彩故事，足以载入中国电子商务企业的历史。

第一次，当京东还只是一个只有50人左右的小公司时，刘强东踏破铁鞋觅风投，通过朋友认识了“风投女杀手”徐新，获得了1000万美元的投资；然后，通过徐新的牵线搭桥，获得了雄牛资本和梁伯韬的投资；在获得第三轮老虎环球基金的投资时，却是风投家主动找上门来。我们看到京东在发展，刘强东的个人魅力也在吸引着风投家们。特别是在全球金融危机的大环境下，刘强东和他的京东却能一次次获得风投，而且，金额一次比一次多，一次比一次精彩，这足以表明京东的魅力。

更精彩的是，刘强东把融资获得的资本，几乎都投到改进物流体系以及扩大运营上了，他在对外宣布京东第二轮融资时说：“在第一轮融资之前，我们的商品种类只有3000种，第二轮之后已经扩充到16000种，原有的资金已经无法支撑我们的产品种类。当京东发展到第二轮融资时，物流已经有了很大的压力，需要有个质的提升，所以，这块也需要巨额投资，是根据发展需要。我们第二轮融资的70%会用于仓储、扩充、配送，剩下的30%主要用于继续扩充产品种类。”

从他的这一番谈话里，我们不难看到一代电商之王睿智的头脑和明晰的发展方向。他几乎是站在一个全知的视角上，看清了中国互联网电商企业的整体面貌，并对电商零售业的每一个局部都了如指掌。然后，他在颠覆传统商业模式的同时，苦心孤诣地研究和布局京东的棋局，并让每一个棋子走到它应在的位置上。

这一浩大的工程是空前的，是可以在中国电商历史的丰碑上写下刘强东的名字的。

他的赌性，疯狂而又理智，京东的发展也是既疯狂又科学。这一特点，决定了他的一往无前和义无反顾。

他用智慧和才干避免了电商淘汰周期率，历史的故事足以让他深长忧虑。他是一个创造历史奇迹的人。

第一轮融资后，刘强东使京东在 IT 类商品的比重控制在50%，大家电比例为20%。

第二轮融资后，京东不但在金融危机的环境下成功融资，还实现了京东销售额突破百亿元的目标。

当第三轮融资尘埃落定，刘强东已经迫不及待地带领他的团队朝着千亿元 B2C 王国飞快前进。

刘强东十分感慨，他曾回忆向老虎环球基金融资时发生的一个个既美丽又感人的故事。

2010 年 1 月 27 日，老虎环球基金注资京东总额为 1.5 亿美元的新闻发布会召开了。会上，刘强东说："国际知名的老虎环球基金注资京东，说明投资者对京东的商业模式和出色经营业绩的认可。"自豪之情溢于言表。

刘强东通过微博总结多次融资的体会，让更多的创业者和他一起分享。他写到："投资人和创业者永远是平等的伙伴关系。你小的时候不代表弱势；你长大的时候也不代表就可以凌驾于投资人之上。有些创业者担心失去融资机会，对于融资条款不敢积极谈判，抱着钱到手了，我就是大爷的心态，就随意签署协议！这和欠钱的人是大爷的心态一样卑劣！创业者可以采取一切合法的手段，去争取一个有利于你的游戏规则，但是绝不能不按规则出牌。"

从他的这一条微博里，我们看到，他是个真正的创业者，是遵纪守法的创业者，是把所有投资人当伙伴、当朋友的人，是头脑清醒、睿智通达之人。

他的大度、豁达、真诚、勇敢是他成功的首要因素。

经过这些年的风风雨雨，刘强东渐渐地从创业者成长为呼风唤雨、独树一帜的企业家。他的成长历程给年轻的创业者们以启迪和经验，同时，给中国电子商务的发展带来了曙光。

第三轮投资后的京东

京东获得第三轮投资的额度是当代中国电子商务企业最大的一笔投资，超过了此前麦考林 2010 年 10 月在纳斯达克上市募资 1.2917 亿美元和当当网当年 12 月初登陆纽交所的 2.72 亿美元。

2011 年愚人节这天，刘强东在个人微博上正式宣布："京东已经完成了 15 亿美元 C2 轮融资，目前 C2 轮融资总额已到账 11 亿美元。"

不久，刘强东说："融资几乎全部投入物流和技术研发方面。"

事实正是如此，刘强东正是用这笔巨大的资金，挖掘和完善着自身的潜力和能力，带领他的团队，跃马扬鞭，快速前行。他对京东未来的发展非常自信，并寄予无限希望。他满怀信心地说："潜力巨大的中国电子商务市场，以及拥有健康商业模式和出色市场业绩的电子商务企业，越来越多地吸引了国际知名投资机构的关注。此次融资的成功，对于迅速发展的京东乃至中国电子商务行业，都有着非常积极的意义。"

刘强东对京东的未来充满了憧憬，他纵横江湖的风采是生命的探索，像一面烈烈飘扬的旗帜，在中国电子商务领域展示着中国当代电商之王叱咤风云的英姿。他还有再度融资的打算，并且计划在美国上市。

刘强东和他的京东像一道绚丽的曙光，给中国电子商务带来希望和启迪，他从容不迫地用他洁净的双手，点燃进军的火焰，并一路高歌，朝着千亿元 B2C 王国加速奔驰。

2013 年，京东实现了年销售额千亿元的目标，成为中国 B2C 电商领域的龙头企业。京东前景无限美好。

牢牢把握控股权

京东在经营运作中，不可避免地需要投资，资本市场又是风云变幻，波云诡谲。有人就开始担心京东的股权稀释，刘强东有一天会丧失控股权，从创业者变为打工仔。

这种担心是完全可以理解的。

刘强东在三轮融资中，也曾担心控股权问题。

他是怎么做到始终牢牢把握控股权的呢？

这位智商和情商绝对高的企业家，在融资过程中看过太多的互联网创业案列，也看到过投资方与被投资方互相指责的闹剧。他下定决心，永远掌握控股权。他说："股权我要一争到底。"有了这样的理念，他在融资时，明确表态："如果投资人既不同意创业者控制股东大会，也不同意创业者控制董事会，就非常礼貌地'请他出去'。如果有一天迫不得已要失去公司控制权，我肯定会彻底把股份全卖掉，彻底退出来。"

这是他的底线。

历经三轮融资谈判，刘强东还能牢牢把握控股权，他有何谈判秘诀呢？换句话说，他是怎么做到呢？

对此，刘强东坦言："我永远要控制股东会，我永远要控制董事会，你认不认可？如果估值你认可的话，我们的第二个问题，你认不认可？认可了，我们再谈。你说不行，不认可，就不要谈了，绝对不谈，我们不会给你开第二次会议的，更不会尝试说服你，因为你的理念跟我们压根不一样。我们就让你回去自己投资自己做好了，你有钱是不是，你又懂得经营管理，懂得做电子商务，你干嘛给我投钱，你不是傻子吗？你自己投一个，百分之百的股权是你的，还没有控股权之争呢。"

通过这段话我们可以看出来，对于控股权，刘强东是坚守的，他不想把自己呕心沥血创业的京东拱手送人，他绝不能失去控股权。因为，京东承载的不仅仅是财富，还有刘强东的中国梦和京东人的梦想，还有中国品牌商的民族责任感和立于世界民族之林的梦想！

刘强东的眼神总是那样的安详和沉静，这沉静中包含着一种凝定和自信的力量。在不断融资的过程中，这种力量和自信让他有信心控制股东会和董事会。他的智商足够，情商也足够。从他走过的历程中，不断地接近这位当代电商之王深邃的心灵，祈望在沉思冥想中，不断地领悟他的经商理念和明澈的思想，和他那像蓝天一样深广、湖水一样纯净和坚强的灵魂，领悟他和投资家的关系，是一种平和的构成，是一种和谐的生态。

刘强东和沃尔玛之间发生的故事，足以让我们大家领略他的智慧和他的坚毅。

沃尔玛是全球最大的传统零售商。在京东C轮融资中，沃尔玛和其他6个战略投资者参与其中，使这次融资变得十分微妙。

2010 年 12 月 23 日，京东举行 2011 年采购签约发布会，就在此时，关于京东向沃尔玛等融资的消息传出。一天后，刘强东发布微博说："有件事情声明一下，目前有关京东融资的报道都是传言，包括沃尔玛的报道，正式消息要到年后公布。"

这究竟是怎么回事呢？

消息一传出，业内人士纷纷关注京东和沃尔玛的关系，各种猜测不断传出。有人认为，如果世界传统零售商沃尔玛真能投资京东，京东将会从沃尔玛得到更多的管理经验和战略建议，从而走向一个新台阶。

然而，事情往往出人意料，京东和沃尔玛的谈判半年之久，结果还是不幸流产了。

2011 年 5 月的一天，刘强东发布微博宣布，京东和沃尔玛家族融资谈判宣告破裂。一直被外界看好的沃尔玛参股京东计划，并没有按照预期成为事实。人们在尘埃落地后，又一次看到了刘强东铁一般的意志和他那矜持、沉稳的身影。

刘强东为何对世界传统零售业巨头沃尔玛说"不"呢？

刘强东在微博上解释了原因：双方谈判超过半年，估值等问题全部谈妥，最终唯一无法达成的条款就是沃尔玛要求必须早晚能够控股京东，直到全盘收购。很显然，沃尔玛对京东的野心导致谈判最终失败。

刘强东无时无刻不在希望京东发展壮大，这是他多年来的中国梦，他不希望他的京东有一天成为别人的掌上明珠。京东是中国企业家的，中国企业家有能力让它发展壮大，而不是依附国外的某一企业，它有责任承载中国企业家的梦想。财富不是刘强东的最终目标，壮大中国电子商务企业才是他的梦想。

刘强东是个有原则的人，他一直把拥有过半数投票权当成自己的底线。他像把握企业生命线一样，重视京东的控股权。他说：“我永远要在董事会占有多数席位。董事会是公司的最高权力机构，作为一个创始人，控制不了董事会，还搞什么搞？我有充分的自信带领公司前进，我不相信哪个投资人能取代我把这个公司办得更好。我要控制董事会，这句话，我非常赤裸裸地说出来了，不会有一点隐瞒。”

刘强东作为京东的创始人，有足够的能力来做好企业的运营，所以，控股权是坚决不能放松的。刘强东在企业经营中，认真研究了中国企业发展史，看到很多企业在被资本吞噬后导致创始人的努力化为乌有。例如太子奶公司，在2007年初接受了高盛和英联以及摩根士丹利附加对赌协议的7300万美元注资，其董事长李途纯因未能达到增长目标而失去控股权；碧桂园2008年与美林国际签署的股价掉期合同，导致其当年的浮亏超过12个亿，丧失了控股权。血的教训告诉刘强东，必须把握控股权！他的精明和赌性决定京东绝不跟着资本跑。所以，在京东频频引进资本、上演企业与资本对赌的大戏中，刘强东始终为主角，让那些忧虑京东控股权的人们伸出大拇指为京东叫好，为刘强东叫好！

京东经过三轮融资后，刘强东并没有丧失控股权。第二轮融资后，京东董事局董事的席位刘强东占了五席，其他四席为今日资本、雄牛资本、老虎基金和高瓴资本。刘强东在董事会保持着绝对优势。C轮融资后，京东对京东董事会进行了改组，其中，股份比例比较低的雄牛资本退出董事会，刘强东自己退出一席，京东董事会为七席，刘强东为四席。另外，新进入的投资人的所有投票权、员工的投票权都归刘强东。而C轮融资中的DST、老虎基金都没有投票权。刘强东的投票权，合起来远远超过50%。

刘强东是一个生命纯真，心灵奔放的人，明心见性，意蕴悠长。他具有大胸怀、大视野和大手笔，他似乎像一个前无古人后无来者的魔术师，具有高超技艺，伫立在电商领域卓尔不群。在三轮融资中，他一直争夺控股权，他控股的最重要目的是把京东做大做强。他曾说："我不在乎自己的股权被稀释掉多少，我想的是怎样把京东做得更大。当然，我也很关心控制权。现在，我依然是公司的最大股东，我们员工持有股票的投票权也归我；在董事层面，一共有七个席位，三家投资方一人一席，我个人占了四席，并有权指派另外三席。"

精明的刘强东在融资谈判中要求投资人将取得的部分甚至全部投票权归于创业者，如此一来，即使股份低于一半，刘强东仍然会控制董事会。"如果不能取得过半投票权，就在协议中加入董事会控制条款：创业者的董事席位数过半且没有创业者的同意，董事会结构永远不得变动"。

在融资过程中，刘强东能让投资人感到眼前一亮，并能牢牢控制股权，他是怎么做的呢？

第一步，正确认识投资人、股东和管理团队；

第二步，把投资人变为股东，充分向投资人进行信誉开放，透明自己公司的整个情况，包括问题；

第三步，自己本身要具有让投资者青睐的模式和价值。

刘强东曾说："创业者要学会以价值模式吸引投资人。"京东作为能够创造价值的电子商务企业，有好的发展前景才能得到投资人的青睐，才能获得风险投资。"电子商务的收益，我们的财务也评估过，电子商务公司只要盈利模式控制好了，我们就可以做到传统行业利润的10%，再加上巨额成本差异，你就不用担心哪个能够赚钱，能够赚多少钱。通过消费者对数据的游览，我们可以预测到这个产品未来的走势。所以说，电子商务同业人最终能够让投资人转变为股东。你必须把成本降到70%，让你的股东和你的投资人看到你的成本是低于其他公司的，低于传统模式，这样，就可以提高你的盈利，而不是疯狂地打广告，确实有人为了把短期财务报告做得很好，会疯狂地打广告，像2012年美国大片一样。我在这里也呼吁，关注我们的电子商务价格模式，能够创造价格层面的东西。”

他娓娓诉说他的引资经验，对于创业者是不可多得的法宝，他的构想既精致又切合实际。

即使在世界金融危机下，他也能够匠心独运地把京东做得风生水起，这应该说是他赢得投资人青睐的原因了，也是赢得众多人鼓掌叫好的原因。

岁月如梭，京东正在刘强东的带领下，披荆斩棘，飞速前行。

刘强东似乎又是个神话大师，具有一颗坚韧、果敢、睿智的心灵，挥动着如椽之笔，构筑着京东七彩斑斓的神话意境。

他的经商风格，既细腻缜密又大气磅礴；他的经商之道，将穿越时空的隧道，留在中国的电商史上。

在风云变幻的电子商务领域，他游刃有余，构建自己的霸业，谱写京东在中国电商领域的华彩乐章。

9 大刀阔斧，构建霸业

京东完成了三轮融资，刘强东的腰杆硬了，他感觉到一双巨大的手有力地撑在他的背后，他骨子里商人的血液又一次激越起来，他踌躇满志，志在必得，信心百倍地冲向电子商务战场。他知道，唯有努力再努力，才能在错综复杂的新商业模式中取得胜利。

此刻，手里有钱的他，正雄心勃勃更加坚定地朝着既定目标前进，他要把京东建成世界级的商务企业，他的目标是更加雄伟的霸业——亚马逊式的企业，他站在新的起点上，吹响了进军的号角。

他的目标多么远大，多么清晰，多么震撼人心啊！

刘强东经过思索，开始了他打造“中国的亚马逊”的一系列动作：打造一流的物流体系，进军日用百货和农业领域，染指奢侈品网购，并购千寻网和迷你挑。

他一步步地走来，在电子商务领域蓬勃着他的激情，张扬着他的青春，谱写着前无古人、注定震惊世界的生命颂歌。

物流是最大的挑战

刘强东说："无论过去还是现在，物流都是我们最大的挑战，公司能不能继续平稳发展，就在于物流体系建设的成功与否。"

京东三轮融资后，刘强东首要考虑的问题就是在一个城市建设多个物流中心，以支撑京东快速发展带来的更大的销售规模。

这是京东的重中之重。

随着中国电子商务市场的成熟和 B2C 企业的竞争白热化，单纯以价格为主的竞争已经不能适应形势的发展了，规模效应和服务水平等因素已经成为电子商务企业竞争取胜的重要方式，服务水平和物流配送将决定电子商务企业在未来的竞争中能否取胜！这个时候，心明眼亮的刘强东，抓住自建物流仓储这个牛鼻子，不但可以大幅降低运营成本，还可以取得竞争优势。刘强东把物流作为 B2C 竞争的核心因素，高度重视，倾心打造，不惜花费重金。他的举动，让世人看到了大企业家的魄力和开拓精神。

刘强东对于自建物流系统的设想庞大而辉煌。

刘强东认为，规模越大越安全。而大规模是要有物流体系作为支撑的。因此，他不遗余力地去做，就像一位坚韧的东方雕刻家，一刀一刀细腻地雕刻他的传世作品。

物流平台的重要性，他是在实践中一步步认识到的。

京东在物流配送问题上经历了太多的波折，用起伏跌宕来形容也不过分。因此，融资资金到位后，刘强东考虑的不仅仅是盈利，他最想做的是夯实物流配送体系，这是京东的生命根基。之前，他认为网上商城这种新的商业模式是不需要花多少钱的，所以，在第一轮融资的时候，当徐新问他想要多少钱时，他脱口而出，只要200万美元，当徐新坚持给他1000万美元时，他的心里还直打鼓，对方是不是另有他意？当1000万美元到账后，他看到京东的现金流量呈正数，还略有盈利，就很满足了。

时间和空间有跨度，俨如一个智者或者哲人在生命的隧道中低吟浅唱，万古长夜中，一盏若隐若现的生命之光，辉耀着人生的辉煌。

刘强东曾潜心研究世界电子商务企业的发展史，也曾想不明白亚马逊在盈利之前怎么会花掉了10亿美元。直到2009年春节，京东遭遇爆仓，他才猛然醒悟：物流配送对B2C电商企业是何等重要！美国的亚马逊不就是因为把大量的资金投入到物流平台的建设上，才有今天的成功吗？至此，他做出重要决策：投资物流平台。只有把支撑建牢固了，京东才会实现飞速发展，扩张规模才不是梦。

当京东的营业额突破200亿元人民币的时候，睿智过人的刘强东在实践中发现了这样一个严重问题：B2C平台自建物流，即使干线成本小于落地配送成本，只要干线不自建，就存在着不受控的环节，而这个不受控的环节会导致整条配送链条失控。京东如果再依靠有多少订单就增加多少人手和仓库面积的老办法，是绝对不能支撑京东更大规模的发展的，当务之急是加大仓储和物流配送的建设！而且，必须摆在京东发展的战略上去考虑。京东一定要自控整条配送链，掌握电商物流的主动权。

刘强东把深邃的眼神投向了物流配送平台。京东开始了气壮山河的支撑建设，而且，快马加鞭，一环套一环有条不紊地进行着。

2009年初，刘强东从顺丰快递公司挖来高管张立民担任物流负责人，他看着对方的眼睛，两个人进行了深入交谈。刘强东对他讲了物流配送对京东发展的重要性，然后，莞尔一笑，提出“211”的要求，即上午11点前提交现货订单，当日送达；夜里11点前提交现货订单，第2天上午送达。张立民也是实干家，他把物流做得很到位。接着，京东开始为物流招兵买马，要求每个员工推荐亲朋好友来公司上班。很快，京东物流配送需要的1200人上岗了。

当年3月初，京东开始了大动作，投资2000万元自建上海圆迈快递公司。紧接着，京东在天津、苏州、杭州、南京、深圳、宁波、无锡、济南、武汉、厦门等40余座城市建立了配送站，为客户提供物流配送和货到付款、移动POS刷卡以及上门取换件服务。

行者无疆。京东开始了大规模的物流仓储建设。2009年4月，京东再一次扩容，此次规模的扩大让京东非同昨日。刘强东那双书生的手，撑起了中国电商的半壁江山。他的大刀阔斧，使京东从原来专注于3C细分领域的小众品牌，转型为综合性的大众品牌。京东全面扩展日用百货品类，囊括了家居用品、钟表首饰、服饰鞋帽和厨房用具等。刘强东重新定位京东：“以家庭为核心用户，围绕家庭的需求，销售3C产品和日用百货的综合类产品的电子商务公司。”

京东再一次扩张，这就更需要建立完善的供应链、物流网络和信息系统服务平台了。刘强东将手中的棋子摆在了他的大棋局上，京东开始了有条不紊地组建令业内同行惊诧和京东人自豪的仓储中心。

2011 年初冬，刘强东在微博上说：京东目前已经组建了 300 余辆卡车组成的大型运输车队，正式进军干线和支线物流运输市场。

这条微博一发出，引起广泛讨论，有人质疑，有人支持，还有人咂舌。

刘强东为什么要自建物流体系？

当年的电子商务实践，给了刘强东太多的体验和教训。他更加强烈地认识到，一个电子商务公司要想大步前进，没有干线运输简直就是不可想象的事情。京东在仓储、分拨中心和落地配送之间，曾经出现了不知多少次的差错。第三方配送公司根本就满足不了时效、费用和服务的要求。五年中，京东曾换了 60 多家物流公司。

物流配送不给力，京东如何飞速前进？

京东靠消费者体验等措施赢得了极好的口碑，订单如雪片一样飞来，规模翻滚增长，可物流配送却成了京东飞速发展中最大的瓶颈，这是刘强东最头疼的事。他曾多次报怨，由于物流配送滞后，跟不上订单的配送量，物流中心的处理能力影响了客户的购物体验。

京东在发展中遇到过多少次被物流配送环节延误的事情，恐怕只有京东人自己知道了。有时京东甚至无奈地告诉客户，请暂时不要来京东购物啦！

这样的问题还不严重吗？物流配送已经直接影响到京东的发展。

由此可见，物流配送体系对电子商务企业是多么重要！

再看看中国其他电子商务企业，也被物流配送问题所困。曾经承诺“绝不碰物流”的淘宝商城创始人马云，迫于订单的不断增加，提出了“大物流计划”；卓越亚马逊也在中国范围内自建了10个仓储物流运营中心。

饱受物流配送问题困扰的刘强东下了决心，一定要自行扩建物流配送体系，自控配送链条，为京东赢得运营主动权，使物流跟上京东迅速发展的脚步。

其实，京东一直致力于此。为了最大限度地发挥物流配送的作用，从2008年起，京东就自建物流配送系统；2009年初，再次斥资建物流公司。70%的配送份额都由京东自建的物流团队独立完成，不仅如此，它还向自身平台的其他电商提供物流支持。刘强东在京东自身的发展中，还是看到了问题，目前的物流配送远远不能完全支撑发展的需要，他还有其他考虑，就是将来要对所有的电商提供物流支撑！

刘强东的“野心”和深谋远虑，可见一斑。

这位长得很酷的70后，脸上洋溢着腼腆和自豪的笑容，他在他的大棋局里游刃有余地摆弄着每一个棋子，满意地看着它们站在自己的位置上，为京东的发展贡献力量。

当三轮融资到位后，他马上斥巨资投入到物流建设上去了。他把物流配送体系建设作为京东快马加鞭前行的出发点，他的计划周密而科学，建立仓储中心，购置运货卡车，还有相当重要的高科技设备的配备，这是一笔庞大的费用。

刘强东呕心沥血为京东的发展搭建着无比巧妙的生态环境，无疑，物流配送是这个生态环境的根基。物流配送的问题解决了，京东才会在中国电子商务领域走得更远。

2009年的一天，刘强东坐在办公室里，静静谋划着自建物流配送体系的细节问题。突然，门被敲响了，他轻声说："请进。"

来人是公司分管物流的负责人。他告诉刘强东，北京的仓库又发生了一起电脑配件遗失的事故。原来，仓库人员在货架上取下货，在固定的仪器上扫描，就可以进入系统显示出货了。但是，在订单积压、排队扫描时，系统就无法准确定位货架上是否出货。必须尽快解决这样的问题，不然，会影响京东的发展。

刘强东听了，微微点头，他马上意识到了扫描仪对物流管理的重要性。

第二天的早会上，刘强东把这个问题摆在桌面上，与高管们讨论。最后决定，京东拿出1500万元，为北京、上海和广州三地的仓库人员配备RF（无线手持终端）设备。将RF和移动POS机结合，增加GPS功能，刷卡后，系统就能自动接收完成支付的信息，还能观测到物流人员移动的信息。该系统还有一个意想不到的好处就是，客户刷卡后，货款在几秒钟之内就会转到公司的账户上，京东就可以获得较好的现金流量，这为京东的现金周转提供了良好的环境。2009年，京东的订单有80%是通过POS机完成支付的，2010年提高到了90%。

POS机的使用解决了物流节点的控制问题。

京东把购物和物流融为一体，产生了穿越时空的吸引力，刘强东的目标是在华夏大地铺展物流配送链条。

京东再一次自建物流公司，应该是刘强东构建霸业的第一步，呈现着他的锐气和才情。

京东自建物流配送队伍，成本一定会提高，摊子铺得那么大，将来怎么回收资金？刘强东却不这样看，他说："通过对物流的干线、尾端城市最后一公里的优化，培养京东自己的物流配送队伍是划算的。"他掰着手指算过一笔账，一个城市日均达2000单，自建物流配送队伍在经济上就是划算的，没有这个数，成本就远远高于外包物流公司，如果日订单超过5000单，京东成本就比外包低20%；那么一个城市日均订单达到10万个，买地自建物流的投入产出就是合理的，要是租赁库房，当地的日订单也得达到5000个以上，不然，将物流外包更合适。以北京为例，京东的每单的物流成本低于5元，而外包至少要8元。

京东在自建物流的基础上不断寻求适合京东业务发展的新途径。2012年春节前夕，京东遇到了快递爆仓、物流跟不上的问题，让客户遭遇了前所未有的买货容易拿货难。快递变慢传，京东人尴尬得有些羞愧。刘强东的感慨不免有些沧桑，他只是长叹一声，没有时间去哀叹，快马加鞭地和公司高管们研究应对措施。经过短暂的研究，刘强东决定启用地铁自提业务。当天，京东宣布，北京的消费者可以选择北京地铁5号线、10号线的20家站点上门提货。这一举措，终于缓解了北京春节前的购物狂潮引发的物流配送问题。

如今，京东物流配送的触角几乎遍布中国大地，已经成为京东的核心竞争力。京东的物流有着自己独立的价值，正在为京东的发展贡献自己的力量。京东的副总裁很自豪地侃道："在同类商品的配送上，京东能做到比较短的回返周期，与同类作比较，都是最优的。"

此时的京东，就像一只展翅翱翔的巨大的风筝，而京东的物流配送体系就是控制风筝飞行的那根线。而这根线，牢牢地操纵在刘强东手中。

2011年4月11日，这一天跟往日没什么区别。京东却有一件震惊中国电子商务领域的大事发生了。在上海的嘉定区，京东正在举行“亚洲一号”上海项目（一期）的奠基典礼。刘强东和京东的高管们济济一堂，相聚在这里，奏响了京东快速发展的凯歌。

刘强东斥巨资建京东最大的仓库，这一创意，真的让世人惊叹！

这个大工程是刘强东在京东发展的宏伟蓝图中描绘得最壮阔而富丽的一笔。他预计从2012年起，京东将投入百亿元人民币，在全国10个以上的城市新建电子商务中心，打造亚洲范围内建筑规模最大和自动化程度最高的电子商务运营中心，构建覆盖全国的现代化物流体系。

建成后的“亚洲一号”配有主动存取系统、自动输送设备、高速自动分拣系统等自动化设备，是京东在华东地区最大的电子商务订单处理中心。这个中心建成后，不仅可以大幅度地提高华东、华南地区的订单处理能力，而且也会从根本上解决货品分仓存放、拆分订单发货的状况。其中，上海项目是京东“亚洲一号”项目的第一个项目，总占地面积120亩，总建筑面积达10万平方米以上。接下来，京东还会在北京、广州和武汉等地陆续启动该项目的建设。计划之庞大，项目之宏伟，也就是刘强东这样的电商之王才有这样的杰作，他的魄力和开拓精神，在中国电商领域绝无仅有！

刘强东自信地说：“广州项目占地258亩，号称京东的南方总部。其中心建成后，和华东大区同时上线运营，京东的订单处理能力将达到目前的数十倍。”

刘强东对于这个项目是经过深思熟虑的。他在电商领域摸爬滚打了这么些年，对于中国 B2C 电商企业的市场状况早已了如指掌。未来的竞争取决于规模效应和服务水平，那么，自建物流仓储将是 B2C 企业竞争的核心。由此，仓储系统就显得格外重要，因此，他舍得投入巨资自建物流仓储系统。他的前瞻性举措，应该是中国电商界的实质性进步，这一大家手笔，无疑可以载入中国电商史册。

在中国电商界越战越勇的刘强东，看到了今后的竞争更加残酷和激烈，单纯的价格战已经不能满足市场竞争的需要了。“亚洲一号”的建设异乎寻常，这一宏大的奇迹足以让世界大吃一惊。

一直以来，刘强东都在考虑自身仓储物流的建设。他说：“京东眼下最想做的就是迅速扩大规模以得到客户认可，从而保证企业有效的竞争力，而执行这一策略不可避免的就是对物流的高投入。”自 2008 年起，京东就开始布局物流，如今已经实现了 200 多个城市自建物流配送体系，自有物流配送比例占近 80%。刘强东的物流配送规划宏图是逐步辐射型的：陆续在北京、上海、广州、成都、武汉、沈阳及西安建成 7 个 1 级物流中心；在 30 个城市建立 2 级运营中心；在全国 200 个中小城市建 3 级仓储物流体系；而“亚洲一号”则是完全可以覆盖全国的现代化物流体系，一旦建成，将大幅度降低运营成本。

刘强东的大创意的确让人为之一叹，就像一束明亮而不刺眼的光芒，照亮了中国电商领域，C2 轮 15 亿美元融资，几乎全部投入到仓储物流的建设和技术研发项目中。他圈地 1800 多亩，大刀阔斧地打造自动化电子商务的后备支撑能力。“亚洲一号”上海项目就是在 C2 轮融资后不久购买的上海嘉乐 198 亩工业用地，用以建设面积超过10万平方米仓储库房。紧接着京东又在北京、成都和武汉买地新建物流仓储库房。刘强东在实践中进一步认识到，买地建库房比租地更有利于长远发展。

诚然，刘强东的大计划、大动作也曾遭到了非议，更有人质疑京东的摊子铺得太大，容易导致资金链条断裂。刘强东伫立在中国电商界的高峰，在未来的激烈竞争中，以强大的物流仓储为支撑，以突破物流瓶颈为筹码，必将赢得更好更快的发展。

重拳出击，扩张规模

刘强东在中国电商行业久了，慢慢地品味出中国的电子商务市场逐渐成熟，B2C企业在未来的电商市场仅仅靠价格战是赢不了残酷而激烈的竞争的。他迅速调整角度，把目光聚焦在物流仓储配送和服务水平上，并在此基础上扩大京东的规模。于是拼抢产品线不可避免地成为京东发展的另一个不可忽视的目标！

眼光独到的刘强东曾说过："规模越大越安全。"他从来都没有满足只做3C产品销售，他更宏伟的目标是打造亚马逊那样的电商企业，世界级的网上大商场。京东开始扩大商品种类，渴望拥有更多客户群！

刘强东在扩张规模上胆大心细，目光远大。一直以来，他的眼睛一直瞄着所有的商品，他的战场就是全品类。他曾放言京东要有上千万种商品，而现在只有200万种。

2010年京东确定"全品类战略"之后，开始不断扩张。首先进入日用百货，然后是图书音像。刘强东说："只要是苏宁、国美、沃尔玛有的东西都要上。"京东扩张的速度也一直令人咂舌，仅仅 10 年时间，京东出售的产品除了实物产品外，还包括虚拟产品，比如旅游产品、电子书刊、音像、游戏等品类。

扩张的步骤刘强东早已规划好了。在他的大棋局里，上哪些品类，哪些品类先上，他在京东发展战略中都详细地描绘好了，基本上由京东信息管理系统决定。他信心十足地说："什么品类好卖，什么品类不好卖，我们其实并不关心，我们要做的就是尽快把所有品类都上线。京东对每个品类都有分级，从 A 到 F，销售额前 20% 被列为 A 品类，第二个 20% 是 B 品类，以此类推。"

刘强东的扩张策略充分显示了一代电商之王的聪明智慧。

京东的管理也随着规模的扩张越来越正规，分工也愈加明细，每一类产品都有专人来负责。比如：A 品类都是由专人来负责，一个采购员大概只负责几个供货商，供货商有任何需求都会有专人来提供服务；B 品类每个人可能负责几十个品牌；C 品类每人大概要负责 200 多个供货商；E 品类和 F 品类可能一个人就要负责几千个供货商。当一个产品日订单量稳定在 500 个以上，京东会绕过经销商与厂商接触，以取得直接进货权限，为京东赢得更有诱惑力的进货价格和促销费用。让系统选优，在最优品类上投入更多精力，品类拓展使京东成为中国电商的高铁。

在当今中国互联网领域，没有哪家公司比京东膨胀得更快。2010 年，京东交易额超过 100 亿元；2011 年，京东交易额超过 300 亿元；2012 年，京东的交易额是 600 亿元；而 2013 年，京东的交易额就达到了 1100 亿元！

与销售额同步增长的是员工规模。京东提供的资料显示，2010 年初，创业 6 年的京东员工为 2100 人；2011 年初，达到 7000 人，6 月达一万人，年底超 2 万人；2012 年初，刘强东微博再放火箭：2012 年将新增员工 2 万人；2013 年员工将达到 4 万人。这样的规模使京东成为中国人数最多的互联网“军团”。刘强东说：“将来，京东的员工人数将达到 15 万多。”

除了扩张产品规模，刘强东还从 2010 年开始，在全国圈地，自建物流。按照刘强东的规划，京东将要在五年时间内投资百亿资金来建设自有仓储物流体系。

京东已有华北、华南、中南、西南四大物流中心，在天津、沈阳、苏州、杭州、南京、深圳、武汉、厦门等 40 余座重点城市建立了配送站。刘强东的圈地速度没有停止。京东还建了“亚洲一号”这个现代化仓库，这个仓库“有鸟巢的 8 倍那么大。”

2011 年京东将办公室搬到了位于鸟巢北边的北辰中心，刘强东在办公室挂了一张巨幅的中国地图。他常坐在他那张红色大办公桌后面，逡巡那张地图：在这里，京东是不是要建设一个配送中心，或是物流中心？也许，下一秒钟，刘强东会抓起电话，向相关负责人下令：红旗要插到这里。

刘强东在规模扩张的同时，也在不断修正京东的商业模式，目的是规模扩展的同时降低烧钱速度，早日实现商业本质——盈利。

有人要问，京东这么多年来，靠价格战获得用户，是一招绝好的棋路，那么，京东赚钱吗？京东烧钱要烧到何时？

直到京东成立的第 10 个年头，京东依然没有证明自己盈利的能力。

那么，京东能支持多久？谈起这个问题，很多人都很揪心。

别人在揪心，刘强东却说：“关于利润和上市我发现有一个奇怪现象，就是我们的媒体朋友对这些问题的关注比我们自己要多得多。我们内部高管从来没有讨论过怎么盈利、怎么赚钱、怎么上市，但几乎每个媒体朋友和业内的每个人见到我，都会问这两个问题。关于盈利，等京东整个物流系统和信息系统全部搭建完毕，在处理海量订单的同时依然能够保证每个订单的用户体验，那我们自然就会盈利了。”

原来，一切都在他的掌控之下。说完这句话，他不再理睬别人说什么，而是专心做着自己的事情，他在京东进行IM内测。这款即时通讯工具有Web版和客户端两种，功能类似淘宝旺旺，主要用于客服和第三方商家沟通使用。就像旺旺之于淘宝一样，此类IM客户沟通更适用于入驻开放平台的中小商户，而不是已经形成规模的B2C网站。

得知这一消息，人们恍然大悟：刘强东在打造“京东版天猫”，悄悄进行战略转型。

这是极有头脑的举措！

2011年年终，在京东召开的战略会议上，气氛紧张而有序，人们的情绪似乎很高涨。只见刘强东清了下嗓子，侃侃而谈。他强调了两个战略重点，大百货和POP（开放平台）。其中POP开放平台已经成为京东的重中之重。刘强东要求，POP开放平台2012年要实现销售200亿的目标。他在讲话中谈到了京东非3C交易额，占到了整体的20%，显然，这就是指POP平台收入。他自信地说：“我相信在3年之内京东的3C和非3C将各占50%。”

刘强东的聪明就在于头脑活络，发现有利于京东的机会就绝不放过。而及时修正模式使京东增加了另一种盈利来源。他在电商生涯中，发现天猫商城按品类不同，收取第三方销售商3%至5%的佣金，真是是一种“轻资产、深互联网”的好模式。以天猫交易额1000亿计，佣金比例取中间值4%计，天猫2011年通过这种模式实现营收40亿元。刘强东在京东烧钱的境况下不得不考虑如何赚钱的问题。他算了一笔账，2012年如果POP平台交易额200亿元，则将实现收入8亿元。

京东要做大规模，规模大了，才能获得京东集客、集货的能力，获得产业链的控制力，或者说获得重新定义产业的话语权。在扩大规模的同时，做POP开放平台，京东就会在品类拓展之外，有另一条拓展之路，这条路，将是蓝天白云，无限晴好。

在进入电商领域之初，京东的主打商品是IT产品。随着京东自身的良好口碑和风投资金的注入，京东逐步扩大规模。从2007年起，开始了IT以外的3C数码和家电类产品的销售。2008年6月，京东将家电类产品扩展到电视、空调、冰箱和洗衣机。不久，大家电便成为占有这类市场份额最大的产品，赢得了“网上国美”的称号。到了10月，京东有步骤地将商品扩充到日用百货类，上线品种近5000种，年底，完成了500多万元的销售。

数风流人物，还看今朝。刘强东胸有成竹地在他的大棋局里挪动着每一个棋子。京东从小到大，商品类逐渐增多，客户也越来越多。他像一位铁血英雄，播扬着烈烈扬扬的生命意志，在电商这种新的商业模式下，张扬着他才华横溢的风采。他的人格魅力，成就了他的霸业；他的坚韧性格，让他在成就霸业的路途中彰显着流水一样的浩荡英姿。

刘强东说：“网上零售有三句核心的话：第一种类要多，用户在一个地方可以买到很多东西，尤其在互联网上，因为电子商务的核心是在互联网上获取用户，每一次流量进来最好是最大限度地利用，产品种类多的话，可以让一个用户这次买牙刷，下次买剃须刀；第二，价格便宜，效率高，京东可以比线下便宜15%；第三，用户体验非常方便，48小时到，一旦超过48小时，退换货率是非常高的。”

京东只用一年多的时间，就从销售IT产品扩充到3C数码和家电类产品的销售，紧接着，昂首阔步挺进日用百货领域。规模大了，客户多了，京东才能实现存在的意义。

刘强东说：“3C数码和家电类产品用户的重复购买率相对较低，吸引回头客、维护客户忠诚度的成本相对较高。京东要培养忠诚客户，最便捷的方法就是在现有种类之上，增加重复购买率高的产品，这样，才有助于提升规模。而百货就具备这样的属性。”

问渠哪得清如许，为有源头活水来。原来，这位电商之王手中的棋子早有位子，先走哪一步棋，也是深思熟虑的。

其实，京东在扩张百货产品的时候，并不是一帆风顺的，京东管理层就有意见分歧。京东的扩张，有资本当然给力，但是，更重要的是决策人对市场的把握是否准确！京东扩张百货，董事会的徐新就不是很同意，她说：“3C这块市场足够大，我比较倾向专业化。”

平心而论，对于是否扩张百货上线，刘强东也曾犹豫过，是用户以每年上万条的留言要求，让他动了心。前文说过，他不是墨守成规小富即安的人，他的超拔精神就在于他的开拓、奋进和天天向上积极进取，他就像头狩猎的豹子，不会放过唾手可得的猎物。他分析了眼下的B2C市场用户状况，得出这样的结论：数码产品单价高，需要有专业的鉴别能力，京东属于垂直3C网购，用户为19岁至30岁的男性人群，很难得到其他群体用户。京东的品牌和现有的用户构成，很难在其他B2C市场快速获得较高的份额。扩张百货，从垂直向综合类转向，势在必行！

放眼中国电子商务市场，不难看到，当当网等网站都已经从垂直转向综合，传统的家电卖场如苏宁，其 B2C 苏宁易购也开始销售部分化妆品和家纺等百货商品了。再看亚马逊也正在加大 3C 家电领域的投资。

为了适应市场需求，刘强东下定决心，将京东从专业的 3C 网上购物转型为综合商店，他回避快速消费品与食品，保证上线百货类商品仓储、配送方式与 3C 是一致的，并将产品推荐保留在二级层面。早在 2009 年，刘东强就为百货扩张转型做了准备工作。他是一个细腻而努力的人，踏踏实实地做好每一个细节，付出着持之以恒的努力。经过一段时间工作，京东培养了 40 人的日用百货团队。时钟走到 2010 年时，京东成功并购了千寻网，推动京东从 3C 类向百货类顺利转型。

刘强东在电商领域奋斗着、拼搏着，持之以恒地努力着，苦苦地追求着电商的最高境界。他知道，京东还要在未来日子里经受市场的严峻考验。他说："我们做百货最主要是想增加网上流量，因为很多用户会希望在一个网上商城就能买齐所需商品，而不用四处去找。"

京东扩张百货日用品，就是为了让客户有更多的选择。

刘强东在没有人走过的路上，披荆斩棘，逆向前行。他的电商生涯风生水起，有声有色。

2010 年，京东赞助中超联赛，成为该项赛事的主赞助商。

消息一传出，又是一片哗然。人们不明白，向来不做广告的京东怎么了？就是要做广告也不能选择中超联赛呀！谁都知道，中国的足球市场并不景气，赞助中超联赛，这么冒风险的事情京东也做？不血本无归才怪呢。这个老刘做事情总是怪怪的。一时间，质疑声，嘲笑声，声声刺耳。

此时的刘强东坐在他的办公室里，望着那幅“静思勤忍”陷入了沉思。从他的面部表情上看，忽而铁腕遒劲，忽而摇头晃脑，忽而意态悠闲，忽而如指挥千军万马。此刻的他，正在挥舞心中灵动的笔，勾画着京东的梦想蓝图。铁钩银划见其风骨，满纸淋漓是其心血。他真的是无规无矩之圣、特立独行之侠了。

原来，刘强东一切为了扩展品牌效应，该出手时就出手了。

京东是做3C起家的，靠着“正品、低价、服务”的战略，靠口碑效应赢得了众多客户。然而，他的成功却仅限于3C垂直领域。竞争越来越激烈，京东几次扩张规模，这种打法显然不适应形势发展，京东也需拳脚相加了。京东从不做广告，从有的放矢地在一些目标集中的论坛上做一点广告，再到自身品牌的营销，京东一步步走来，目的就是要覆盖更广泛的消费者，只有这样，京东的发展才不是梦。

于是，京东进入了品牌营销的重要阶段。而赞助中超联赛，应该是刘强东重拳出击的目标，他做这个决定只用了8天，但这是深思熟虑的结果。

别人都不看好京东赞助中超联赛，而常常逆向思维的刘强东却坚定地认为，这是一场物超所值的买卖！

刘强东“赌性”超强，却从不打无准备之仗。在做这个决定之前，他派出京东精干人员，仔细考察了中超联赛所有的赛事。调查发现，中超16支球队的所在地竟然都是京东重点扩展的城市，这种吻合简直就是天作之合。京东已经覆盖了这些城市，其电子商务的发展具有巨大的潜力。恰好，这时中超联赛在这些城市举行，这无疑给京东提供了性价比平台。这样的天赐良机，刘强东怎么会放过？

他的眼光和理性，让他信心满怀。赞助中超联赛，是他生命的激荡和心灵的跳动。他的眼中，闪动着清雅脱俗的格调和诗韵。

明眼人这时也看清楚了刘强东在他的大棋局里举起的中超联赛这颗棋子的位置。是的，对于他人，赞助并不景气的足球市场可能会收不回来成本。京东却不一样。京东把赞助中超联赛当做新颖别致的品牌推广的渠道和气场，刘强东真是别具一格！他的这一奇招，出其不意，打破了领先者的垄断，并一箭双雕，不仅宣传了京东品牌，而且培育了新市场，更鲜为人知的目的就是京东开始进军体育用品类的电子商务，昭示着刘强东的扩张规模再进一步延展，并毫不放弃长期、持续性地体育用品低价策略。电子商务圈的同行会惊异地看到，未来，京东出售的中超联赛门票和体育用品，一定会比传统渠道的中超联赛相关的商品价格便宜。更让人意外的是，随着广州恒大的强势崛起，中国足球开始升温，球场上座率不断攀升，电视转播越来越多，刘强东在中超的投资物超所值。

刘强东胆大心细，豪气冲天。电子商务领域一片哑舌声。

下弦月像个顽皮的孩子，从清幽而深邃的夜空探出半个脸来，把它柔柔的光芒撒在沉思的刘强东的剑眉朗目上。他充满信心地站起身来，朝办公桌走去，他要看看此刻京东的留言板上客户都说了什么。他要把京东的未来告诉所有支持京东的消费者。

京东赞助中超，无疑告诉圈内圈外的所有人，京东已经成长为大众公司，已经让客户和自己员工以及供应商们更加有信心，那些不知道京东的人，也对京东有了认识。总之，作为 B2C 电子商务企业的京东，其品牌效应得到了提升。京东的规模战略正在按照刘强东的规划一步步地顺利实现。此刻，他像个古代的斗士，骑着那匹黑马一刻不停地奔驰，跑马圈地，抢占市场，构建霸业，终于有了可能。

刘强东在大刀阔斧地构建霸业时，早已把他深邃的目光瞄准了潜力无限、财富巨大的产业——中国农业。长久以来，他发现，这是一个鲜有现代资本投资开发的领域，他看到了这一领域发展的美好前景。

刘强东是个性情中人，他心怀美好愿望，一直在关注绿色农业。几年前，他在自己的老家江苏宿迁农村租赁了5000亩地，雇人种无农药、无化肥、无污染的大米，取名为“强东牌”大米。

不难看出，刘强东在进军农业的同时，也在创造自有商品。他的胆略和眼光非一般人所具有，他是难得的商业天才。他不仅在短期内把京东推向一个又一个高峰，而且，在战略眼光上也极为超前，颇有建树。

“强东牌”大米经过精心的培育，终于上网销售了。刘强东乐得跟孩子似的，宣告：“我种的大米终于上柜了。”

“强东牌”大米一上柜，就受到热烈欢迎，人们纷纷购买，尝鲜。任何新事物出现后，总有人表示质疑：“强东牌”大米是不是“三无”产品？

面对质疑声，刘强东不急不恼，坦然面对。他在京东网的首页发表了声明：消费者怀疑大米的质量要求退货的，京东承担一切赔偿责任。

面对大米的销售状况，刘强东感慨万分，说：“做放心食品比做互联网难多了。”

难归难，事情还得做下去。目光远大的刘强东早已看到了中国的农业是唯一不会随着经济周期波动而出现生产过剩的行业，而且，消费者对绿色产品的渴求是非常强烈的，像“强东牌”大米这种绿色食品的市场需求正在加大，市场和需求这两个互相补充的链条越来越紧密，进军农业，前景可观。

2012 年 7 月 15 日，夜色朦胧，忙了一天的刘强东经过思索，打开电脑，上了微博。不一会儿，刘强东的微博上出现他自己在阳台上种的西红柿照片。大而鲜的西红柿红红的、圆圆的，晶莹剔透，很是诱人。网友们还没有反应过来，又一张西红柿照片出现在微博上。两张西红柿照片仅隔 11 分钟。后一张照片是京东小家电采销总监庄佳晒到微博上的。网上一片哗然。细心的人反复查看两张西红柿照片，怎么看怎么像一个西红柿。于是，刘强东的爱情故事在网上迅速传播。刘强东委屈地连发微博称：“躺着也能中弹。”

这就是名噪一时的“西红柿门”。

刘强东和员工庄佳为什么发一张自种西红柿照片到网上？这一八卦似的事件，是捕风捉影，还是确有其事？

两天后，京东开始上线“生鲜”频道，而这个“西红柿”则被放到首页上，鲜翠欲滴。

人们明白了，刘强东在为其新频道上线炒作！在微博上发西红柿，不过是他的营销手段而已。

那么，再深入探究，不难发现，京东在商品种类上的扩充已是不争的事实。刘强东带领京东进军农业的步伐加快了。

电商领域又是一片哗然！

刘强东这个奇人做事情总是出人意料，具有让人佩服的前瞻性。他的敢于创新、敢于挑战、一往无前的精神令人咂舌。

纵观电商界大佬们，近年来，触角伸向农业的大有人在，比如联想、网易，都在静悄悄地进军农业，联想曾投资 12 个亿兴建“联想农产品供应链”，同时，进军水产品。网易也投资 3 个亿，建立了生猪养殖场。

不论是“强东大米”，还是“西红柿门”，京东上线生鲜农副产品，都是适应了时代发展的趋势。刘强东说：“卖大米只是副业。”但他和 IT 巨头们一起进入农业领域却是新举动，他们带给农业的新气象是可喜的，一定会推动农业生产向规模化、标准化、绿色化迈进。

2012 年 2 月 10 日，又一条爆炸性的消息传开了：京东开始卖车了！也有人说风凉话，老刘真是瞎折腾，无限制扩张会导致资金流量不足，早晚被困死。

京东把商品种类扩张到汽车，究竟是否可行？

大家在拭目以待。

消息一传出，万人瞩目。17200 用户点击收藏页面，短短的 10 天内，活动页面网络点击量已超过 227 万。

情人节那天，奔驰公司宣布：奔驰 Smart 流光灰 2012 特别版已经与京东联手！这一天，京东的点击率绝对高。奔驰 Smart 流光灰 2012 特别版正式在京东在线发售。以前，人们买车都得去 4S 店，这次，京东重新定义了人们买车的概念。

电商们纷纷议论，刘强东又在扩张地盘了，都进军到汽车行业了。说完，摇摇头，是无奈，还是钦佩？抑或是羡慕嫉妒恨？

京东首次网上卖车，奔驰 Smart 流光灰 2012 特别版的市场价格才 16 万元。这是京东首次网上销售汽车品类，也是国内汽车行业首次通过网络渠道进行新车发售。京东在这次活动中规定，限量销售300辆奔驰Smart流光灰2012特别版，先到先得。下单成功的消费者，必须在京东支付1000元的预付款，并约定时间去4S店看车，付款购车。购车的消费者可获得京东支付的1000元代金券，线下购买Smart时可享受的优惠政策对本次活动同样适用。京东只是一个订车平台，购车还是要去4S店，售后与线下购买相同。

知道消息的消费者心动了，心动不如行动。大家纷纷网上下单，抢购奔驰Smart，令人没有想到的是，300辆车仅仅用了89分钟就被抢购一空，平均每18秒钟卖出一辆！

有人称：这太疯狂了！89分钟卖了300辆奔驰！

其实，这不是疯狂，是奇迹！是刘强东挺进电商领域创造的又一个奇迹！

京东首次卖车就创造了一个前所未有的奇迹，人们感叹的同时，赞叹着刘强东的精明和出人意料的创意，他真的是电商领域的精英和奇人！他帅呆了、酷毙了！

京东这次销售奔驰Smart流光灰2012特别版活动，是其涉足汽车领域的第一次尝试。此举大受欢迎，为消费者提供了完美的购物体验。京东下一步打算与梅赛德斯—奔驰公司进行深入持久地合作，把京东打造成为“中国互联网优质生活入口”。

京东首次卖车，就打了一个漂亮仗，这不仅增强了京东的信心、扩大了商品种类，也为进入高端消费市场、提高品牌知名度、扩大京东的影响力，提供了极大的帮助。这也使得网络销售渠道魅力无限，人们开始瞩目京东的高流量平台以及优质的品牌服务，众多汽车厂商看到了网络销售节约成本、消费者众多等优势，渴望通过网络平台实现品牌和网络群体的多渠道互动。

刘强东为众多厂商打造的这块大蛋糕，正散发着迷人的清香。

拓展跨国业务，京东加大与国际并轨步伐

经过三轮融资，有了钱的刘强东审时度势，谋划着京东的未来。眼下，要做大京东，他的根基是什么呢？他想到了由于新兴行业不断涌现，一些企业发展思路狭窄，客户群体越来越小，导致企业前景黯淡。对！中国的电子商务企业没有客户是不能生存和发展的！仅仅依靠固定的客户，企业就不能发展。京东必须走出去，在扩张规模的同时来扩大客户群体。

北京是中国的文化中心，是一个人文荟萃的地方，同样，也商贾如云，精英辈出。刘强东在他的电商领域里如同一个伟大的画家，握着手中那只罕见的巨笔，灵动潇洒，笔锋横扫，如海雨天风，势若奔马，跳荡着不安分的灵魂，抒发着郁郁豪气，江南水乡的润泽赋予他无限灵气。

为了把京东做成中国 B2C 领域真正意义上的老大，刘强东把重点放在了挖掘客户群体上。他那大棋局里，又有一颗棋子稳稳地伫立在自己的位置上了。

京东刚刚上线时，主要销售数码、电子产品，用户基本上是习惯于网上购物的男性，那时男性消费者是京东最大的消费群体。刘强东曾幽默地把这段时间的情况比喻为“一条腿走路”。受消费群体的限制，京东的发展速度也受到一定的限制。

基于这种情况，刘强东曾思考如何增加京东的女性消费者。他在微博上发表此类问题的言论，引起网友的热烈回应。他在网

友们的热切言论中，深深地思索着、探究着。

2010年3月15日，京东对外宣布，并购SK电讯旗下的千寻网!

就像一颗石子投进平静的湖面上，这一消息立即激起层层涟漪。中国电商界又是一片哗然！轩然大波里，人们再一次看到了完成1.5亿美元融资后的京东，开始实现它石破天惊的举措了。通过这一事件，人们又一次看到了刘强东的野心，看到了他带领京东一步步完善商品种类，朝着全品类运营的道路飞速发展。

刘强东正以势不可挡之势朝着成为“中国的亚马逊”前进。

一些看好京东的人认为，并购千寻网意义重大，此举，足以让京东完善和提高百货商品的销售能力；有些羡慕嫉妒恨者却认为，京东是在与淘宝网较量，就等着看谁胜谁负吧!

刘强东不管这些，他也没有时间去管这些闲言碎语。他一步步实施自己的规划，他像个指挥大战的将军，打了个大胜仗，是何等的畅心快意、志得意满啊!

如今，刘强东把千寻网纳入怀中，细看娇媚佳人，他喜不自禁。千寻网是全球500强企业韩国SK电讯集团投资的电子商务公司，主要针对中国市场，经营服装、鞋帽、饰品等时尚商品。千寻网建立初期，目标宏大，气势汹汹，他们力图将自己打造成国内最大的品牌服装销售电商，并通过美国、韩国和欧洲各国及全球代理商提供商品，宣称：满足客户购买在国内买不到的商品的愿望。千寻网建立初期，确实做出了骄人的业绩。首先，它能够为消费者提供27万种商品，拥有300多个独立供应商。然而，因领导层的动荡，千寻网失去了辉煌的前景，最终被京东收购。

京东在完成C轮融资后，就在实施扩大消费者群体的战略，致力于打造新的产品留住更多客户。要实现这一目标，第一步棋就是扩展商品种类。

世界上的事情，都是无巧不成书。千寻网出现问题的消息恰在这时被刘强东听到了。他立即嗅到了新的商机的气息。他关注着千寻网的动态，等待着最佳的出击时机。随着千寻网领导层内部争斗白热化，生意一落千丈，SK电讯集团停止了投资，千寻网岌岌可危。此时，刘强东站了出来，要求并购。他的目的终于达到了。

此刻刘强东的心里就像大海的波涛，汹涌澎湃。一个白手起家的70后，在短短几年中，不但构建了自己的霸业，还收购了其他企业，他凭的是什么？凭的是他坚忍不拔和奋进的精神，凭的是他的聪明才智和勇往直前的冒险精神，他是一个靠谱的超级战士。

现在，他走过了攻坚破难的过往，铺就了厉兵秣马的新开端。刘强东让千寻网的管理层看到了希望，刘强东把他们当做宝贝一样全部留了下来，他做事一向都是磊落大气。

接下来的结果又让所有关注这件事的人们吃惊不小，刘强东收购了千寻网，却金屋藏娇，没有立即使用该网站，这吊足了人们的胃口。

一年后，也就是2011年4月19日，京东旗下的千寻网新版正式上线。

真是让人耳目一新啊。让消费者眼前一亮的千寻网定位为时尚百货，女装、内衣、运动、鞋帽应有尽有。而且，基本上都是大品牌，例如，百丽、爱慕、耐克、佐丹奴，有数十个品牌，商品类别超过20万种。

至此，京东完成抢占女性市场的战略部署。

千呼万唤始出来。经过刘强东包装的千寻网以娇媚的姿态亮相互联网，承载着黏住女性客户的使命。人们哪里知道，这种说法其实太简单了。

刘强东虽然“赌”性疯狂，但他却是理性的，凡事都经过深思熟虑。京东并购千寻网的确是为了利用这个平台快速抢占日用百货类商品的市场，但京东的计划还不止于此，他们还有一个深藏不露的想法，想通过增加日用百货类产品，在保留价格优势的基础上，实现短期内平衡长期低利润的目的。

京东基于这样的构思，快速将千寻网的后台体系完全并入了京东的后台体系，有效地利用其后台信息系统的处理能力，加速基础设施投资的变现进程。

刘强东的思维是缜密而可行的。他完全明白什么是 B2C 商业模式发展的强大基础，无疑，就是后台供应链系统。一天处理多少订单不是目标，重要的是，后台仓库的分拣能力是否适应订单的分拣。

自 2008 年以来，京东就根据消费者的需求，开始尝试日用百货类商品的销售，并逐步得到了市场和消费者的认可。刘强东在此过程中一步步提高其水准，不断提高京东的品牌和现有用户的构成，寻找在时尚服装服饰市场获得较高份额的途径。依照他的性格，他是绝不会将市场空间让给竞争对手的。他需要找到理想的扶持对象，利用其平台快速占领日用百货市场。并购千寻网，他的目的达到了。如愿以偿的他，巧妙地利用千寻网的供应体系、信息系统和客户服务等方面的成熟经验，与京东的优势结合，形成互补，实现了资源优势的最大化。

其实，他早就看到了日用百货巨大的利润空间，在其他电商纷纷扩充日用百货商品种类时，他绝不会让这个机会溜走。

刘强东成功并购千寻网，开始进军日用百货领域。他认真研究了千寻网的信息、供应链等，并继续实施“正品、低价、服务”6字方针，扩大了女性客户群体，京东的日用百货红红火火地热卖了。

2012年初，京东再次传出重磅消息，这一次，他们成功并购海外时尚网站“迷你挑”！

消息一传出，电商领域的人们又一次被老刘出其不意的强势举措惊呆了！他也太霸气了！

京东再一次成为人们关注的热点。一些产业分析师纷纷猜测京东的发展和并购后的举动。

京东从一个小公司杀进电商领域，短短几年，就迅速壮大，在虎踞龙盘的电商领域，创造着世人为之惊叹的业绩。雄心勃勃的刘强东早已把眼光瞄向了世界电子商务市场，他眼界宽阔，他的心胸能走马跑船。他英姿飒爽地俯视着世界电子商务领域，从心所欲，丰富多彩，不断走向新境界。

收购“迷你挑”是京东第二次海外出击，是刘强东抢占时尚百货市场份额的又一举措，彰显着京东跑马圈地的能力和决心。

2012年1月的北京，寒冷的风吹拂着枯直的树木，而寒风之中，京东的客户呼吸到了一股从没有过的清新空气，京东又快速抢占了时尚百货地盘。在呼哈网和品聚网因资金断裂倒闭的情况下，京东却在进军海外市场！人们在惊讶之余，似乎在欣赏刘强东的“左牵黄，右擎苍，锦帽貂裘，千骑卷平冈。”欣赏他的纵横千万里，恣肆汪洋，全无顾忌的豪放和冲天的气概。他总是带给人们出其不意的惊喜和成功。

“迷你挑”是由鼎日网络科技（上海）有限公司注资，于

2011年6月正式上线经营的一家日系潮流精品B2C网上商城。“迷你挑”销售创意家居、生活日用、时尚女装及鞋包配饰等日系精品，以中、高档时尚人群为客户群。他们经销的产品贴近日本时尚流行前沿，有着完整的精品售前售后服务体系。

京东并购“迷你挑”，是因为“迷你挑”运营团队的价值，他们具有通透和无限的张力。除此以外，对于京东来说，并购“迷你挑”扩大和完善了自身的商品种类和采购体系，大幅度地提高消费者的购物体验，扩大客户群体。还有一点更加重要，刘强东想利用“迷你挑”的日系潮流精品来提高网站单价，弥补京东扩展百货商品后，由于单价下降而导致毛利较低的问题，“迷你挑”的商品进货渠道完善，一般是由中日时尚顾问团队从日本当季女性流行商品中选出，客户群体稳定。

京东并购“迷你挑”后，立即成立了海外分公司，引进国际人才，负责开拓出口业务和建立买手团队。其海外产品的采购将以日本为起点，逐步向亚太地区扩散，直至全球。至此，来京东的客户可以买到来自全球的时尚商品。这是刘强东作为新一代电商企业家的远大战略操作和实践。

他真的是大手笔！纵横四海绣山河，展尽人间寰尚。京东像一棵挺拔的大树，郁郁葱葱，蓬蓬勃勃，充满了希翼。

2011年4月21日，刘强东宣布：京东开通海外订购业务，全球任何一个地方，只要DHL或者UPS能够到达，都可以选购京东的商品。并购了“迷你挑”，它的触角将扩展到其他品类。

刘强东向来做事稳妥，心思缜密。他在收购“迷你挑”的过程中做出一项重大决策，引进数十名熟悉对外贸易的人才，并把发展海外订购的重点放在了上海外贸和长三角外贸平台上。京东发力出口外贸事业，实在是太迅猛了，业内人士还没看清楚怎么回事，他已经奔跑在路上了。刘强东大刀阔斧、稳步向前，京东在朝百货扩展，并拓展跨国业务，他克服电子商务遇到的重重困难，创新并完善服务体系，一步一步与国际市场接轨。

刘强东在电子商务中，纵横捭阖，尽显风流，创造着电子商务的奇迹。

高调进入奢侈品网购

2011 年 11 月 25 日，京东旗下的奢侈品购物网站“360Top. com”正式上线。

这一爆炸性新闻让电商界一片哗然。震惊者有之，质疑者也有之。只有站在电商界顶峰的刘强东泰然处之，他仿佛听到了花影婆娑的摇曳处传出高昂、激越的旋律，意境悠远；他仿佛看到前面空阔而斑斓，那束闪耀着中华民族悠久文明、优秀文化的传统之光，更加明亮、更加辉煌。

刘强东在多次融资后打破固有思维方式，带领京东快步前进，他的眼界宽广，创意非凡，每走一步，都让世人赞叹不已。他不断扩张京东的规模，锁定京东的客户群体。现在，他把目标通过多维的视野，投向了奢侈品电子商务市场，创造性地把奢侈品与电子商务联系在一起，努力探寻商品和客户之间的联系，希望在其间架设起金色的桥梁。而京东奢侈品网购网站的建立，正是这种伟大设想的成功实践。

刘强东正在谱写中国电商辉煌的史诗。

这位电商大腕，早就看到了奢侈品电子商务的前景。他说：

“虽然奢侈品电子商务网站很火热，但是，在中国，这块‘蛋糕’其实还没开始被切分，‘蛋糕’被奢侈品专卖店拿去了，京东此次进入（奢侈品领域）对于提高自身的盈利有着重要价值。”

刘强东着手奢侈品电子商务，是因为中国已经成为世界奢侈品首选市场。中国奢侈品消费占全球25%的份额，并以每年20%以上的速度增长。据世界奢侈品协会发布的《世界奢侈品报告蓝皮书》统计，2012年中国奢侈品市场将达到146亿美元，占据世界奢侈品消费额的顶峰。有经济分析家预言，中国奢侈品电子商务的销售规模将逾200亿美元；另外，中国网民的年龄段在18岁至49岁，奢侈品的消费者为18岁至39岁，两者群体重叠面较大。一些目光长远的电商纷纷投资奢侈品，刘强东当然不能放过这块甜美的“蛋糕”。

常年在电子商务领域摸爬滚打的刘强东，含情脉脉地注视着奢侈品领域，在实践中，他发现全球奢侈品网络销售额约占行业总成交量的5%，而中国更少。他立即意识到，在电子商务这样具有前景的新商业模式下，奢侈品的网购是还未开垦的处女地，更谈不上主流。奢侈品网购，最大的好处就是解决了普通人难以接近的问题，成为消费者彰显个性和追求品质生活的象征，随着电子商务越来越深入人心，在网上购买奢侈品的消费者也越来越多。作为电子商务企业，谁先占领了市场份额，谁就拥有更多奢侈品消费者群。灵敏的商业嗅觉，让刘强东捕捉到了这一重要市场先机，他开始关注奢侈品市场，并布局投资奢侈品电子商务市场。

早在2010年，京东就成立了一个神秘的部门——海外事业部。这是刘强东悄悄组建的一支奢侈品团队，海外事业部负责与奢侈品厂家的谈判。一年后，当京东奢侈品网站正式上线后，人们大吃一惊，开始疑惑，向来主张低价战略的刘强东，在奢侈品领域还会启用低价战略吗？

刘强东只是微笑，他用事实解释一切。

京东作为大众产品的运营模式一向低调。现在，进入奢侈品领域了，刘强东改变了打法，他建立独立的奢侈品网站360Top.com，并把消费者群体锁定为位于偏远地区的消费者。他像个经济分析家似的，将这一想法和市场分析得头头是道。目前，中国内地的许多偏远地区大多还没有奢侈品专卖店，而积累了财富的人们希望买到称心如意的奢侈品，网购就成了他们的首选，京东完全可以满足他们的网购需求。而在北京等大都市的消费者可以去专卖店购买，他们不一定去网购。刘强东说："我们不强调低价，事实上，我们强调的是方便性。""因为京东有非常完备的物流配送体系，在那些犄角旮旯的地方，客户在网站上下了单子，然后，很快收到货物，我相信360Top.com将满足他们这一需求。"他还特别自信地说："360Top.com将尽快引进新品。"他接着说："比如，在意大利刚上市十天的新品，未来可能很快就在360Top.com上看到了。"

京东可以改变低价战术，但绝不改变"正品、服务"的战略，刘强东一向坚持的就是这一让京东长盛不衰的法宝，不管京东如何扩大规模调整战略，"正品、服务"不会变，这是京东不同于他人的独特做法。为了坚持这一做法，在奢侈品的供货上，京东坚持直接和厂家谈判，直接拿货。这样，就避免了假货问题。刘强东说："我们将绕过分销商，和奢侈品品牌直接谈授权。"

要做到这一点也不容易，困难很多。中国网店奢侈品假货泛滥，消费者一般不愿意在网上买奢侈品；即便是网店卖真货，由于网店省下了店铺租金等费用，价格比实体店便宜，这使得奢侈品厂家担心网店会扰乱价格体系。基于种种考虑，大部分品牌商不愿意直接给中国的奢侈品购物网站供货，京东要说服他们直接供货，是要下大力气的。

纵观中国网购奢侈品的拿货方式，确实很不靠谱。有的奢侈品网站是通过国外代购；更不靠谱的是规模较小的奢侈品网站，通过留学生或游客带入内地；再有就是通过国外分销商批发商品。这样的进货途径，难免出现假货。

为了保证奢侈品进货的产品是正品，刘强东坚决直接从品牌商那里拿货。为此，他付出了很多，甚至无奈地向奢侈品厂商做了妥协。大家都知道，刘强东一向强势，在商品定价方面，京东一向有绝对的话语权，他的霸气尽人皆知。但是，面对奢侈品厂商，他却改变了一贯的强势风格，把话语权给了奢侈品厂商。为了消除奢侈品品牌商对产品价格的顾虑，刘强东在谈判中承诺，由奢侈品厂商为产品定价，京东360Top. com则完全听厂商的。

刘强东说："在360Top. com，奢侈品到底该卖多少钱，我们完全听品牌商的，为了培养消费者，我们可能送点优惠券和积分之类，但是其价格和官方专卖店一致，不会冲击奢侈品的价格体系。"

刘强东是何等的精明，他在电商生涯中，懂得有屈有伸、与时俱进。用优惠券和积分去吸引客户，还是为了赢得客户的凝聚力。与此同时，他在售后服务上也做了大量工作，建立了覆盖全国的奢侈品仓储、配送、支付和服务体系，配备了专业的奢侈品客服团队，一条龙服务。购买360Top. com奢侈品的消费者能够享受到专人售前、售中、售后的跟踪服务。京东还为售出的奢侈品定制了精美的礼盒，由配送员带白手套送货，让消费者体验到和线下购买一样的消费体验。

京东的奢侈品服务创意新颖、周到体贴，做到了极致。再加上商品进货渠道正规，是绝对的正品，消费者买着放心。正如所有人期待的一样，京东360Top.com的奢侈品一上线，就卖得红红火火。从2011年11月25日，京东正式线上销售奢侈品到年底，销售额超过了5亿元，2012年，超过了15亿元。

京东热卖奢侈品，是想利用奢侈品较高的毛利，来分担巨大的物流投入，实现盈利，这是电子商务巨头刘强东的又一颗取胜棋子。在电子商务日益深入人心的今天，在物流配送、支付和品牌都完善的京东，奢侈品的销售一定会火，它带给京东的不仅仅是盈利，还是价值的提升和规模的扩张。

京东把用户奉为上帝

刘强东曾有这样一段话，颇为醒目："我们很少关注所谓的竞争对手，他们说了什么、做了什么，甚至想做什么，我们一点都不关心，我们只关注我们的客户想要什么，我们怎么满足我们客户的要求，因为我们是为用户工作的，我们最大的竞争对手是自己。"

京东之所以能从愈演愈烈的电子商务竞争中脱颖而出，成为最有实力的霸主，除了不断创新之外，一个重要的原因是抓住了客户群，倾其所有为客户服务。

刘强东的经营理念中有一条叫做"交友"，他从京东上线开始，就把用户视为京东不可或缺的一部分，力争在做生意的过程中和用户进行情感交流，逐步形成自己固有的客户圈子，这部分客户将紧紧地围绕在京东周围，成为忠诚客户。

刘强东是怎么做到的呢？很简单，把用户奉为上帝，服务到家！

京东快速发展的秘诀其实就是用户体验，用户口碑相传，使用户群如滚雪球一样逐步加大，注册人数不断提升。

京东的法宝之一就是用户体验。

在刘强东的霸业中，是不能没有用户体验的。

刘强东在创业的早期就把用户奉为上帝，把培养用户群作为头等大事去抓。他说："踏踏实实地做好自己的事情吧，别整日盼望竞争对手死掉了！用户体验决定一切。"京东上线后，他一直在探究京东的发展途径。他认为，电子商务本身卖的就是服务，卖的就是消费者的体验。京东的迅猛发展，就在于它对用户体验的坚持，京东坚持了"正品、低价、服务"这6字方针，这是京东快速发展的重要筹码。有众多客户的支持，刘强东雄赳赳、气昂昂地傲然挺立在电商领域，任凭风吹雨打，他却闲庭信步。他说："只要你认为自己做的事情能给客户带来价值，你就坚定地走下去，不要回头！"

刘强东在电子商务的实践中为了实现"把用户奉为上帝"的信条，做了大量工作。京东组建了一个在其它公司没有的部门——用户体验部，站在用户的角度，体验购物感受；建物流，打造"亚洲一号"；建摄影棚，拍摄真实的商品照片；对包装好的商品做碰撞试验；刘强东还坚持每天看2000条左右的客户留言，直接了解用户对商品的认可程度；每隔一段时间，用户体验部都要写出用户满意度报告。所有这些，使京东在与用户的互动中有了极好的口碑。

刘强东在选择用户时，采取不断放弃的办法。他说："我希望到我这里来购物的人都是开心的，所以，我们的企业也要学会不断地放弃。我相信你一定要有非常精准的业务群体，让中国10%的人成为你的用户，你就拥有非常巨大的市场，足以让你的公司取得巨大的成就，否则，你的公司会很迷茫，搞不清楚自己哪些事情做对了，哪些事情做错了。其实，我要说的是放弃的过程也是一个聚焦的过程，在放弃的过程中可让你的目标客户群越来越清晰，使你的成本越来越低，你的运营越来越高速，问题出得越来越少。”

京东在明确客户群体的同时，加大了服务力度，通过自己的规模不断地使服务走向标准化。刘强东提出99%的订单在12个城市做到“211”配送；还提出了“售后100分服务”这样代价非常高的服务。他还遗憾地告诉大家，京东的售后服务只能做到92%，还有8%做不到，这做不到的8%是京东无法解决的。

刘强东在他的博客里公开声明：没有自己用户的公司是没有价值的。正是因为京东懂得积累自己的用户，把70%至90%的钱用于改善用户体验，才能迅猛发展。刘强东做过研究，他说：“中国消费者对电商商品配送的时间要求相比国外的消费者来说，是比较严格的。美国近百个品牌配送最快可以3天送到，比如旧金山、洛杉矶等城市，配送员是3天送到，如果不付额外费用的话，在美国很多订单都是7天之内送到。但如果在北京、上海这样的城市，24个小时没有送到货，消费者就开始骂你，3天没有收到货就开始不断投诉，7天没有收到货就有记者进行报道了。京东做过调查，发现中国消费者能够接受的售后服务期为3天，如果不能把全国所有服务中心售后服务控制在3天之内，那么，消费者对你不满意，对你的品牌也会不满意。”为了做到最大限度地让消费者满意，京东不断提升售后服务空间。从2011年开始，京东开始着重在全国6大物流中心建造集中的售后服务体系。如今，京东可以做到消费者购买的每个产品，都在物联网的基础上实现实时监控，甚至送货离用户家大概有多少米、多长时间送到用户家都可控。

京东是中国第一家实现了所有的投递过程、所有的售后服务过程可视化的电子商务公司，也是第一家真正实现物联网最核心内容价值的公司。现在，京东已经实现了全国售后服务上门。比如，上门取货，顾客买东西如果有问题，最快15分钟就能取回来。京东是如何做到的呢？京东的每个配送员身上都配有信息收发设备，如果客户的退货符合规定，京东的信息系统就会向离消费者最近的京东配送人员发一个指令，配送员就能快速把快件取回来。

京东把用户奉为上帝，用户体验助力京东。虽然京东的收入来源比较多样化，但无论如何，京东还是以消费者的需求、用户的满意度、用户体验作为目标。刘强东认为："如果有收益，能赚很多钱，但是有违用户的体验，京东也不会做。哪怕现在亏很多钱，需要大量投资，但是能大幅度改善用户体验，京东也会毫不犹豫地去投资。"他建议："所有的电商，大部分的钱不要烧广告。我一直反对电商烧广告，流量是不靠谱的，应该把大部分的钱投到用户体验改善、仓储、配送、信息系统等方面。如果一家电子商务公司拿了风投的钱，70%～90%的钱是投入到改善用户体验中，我相信，这家公司一定有价值。不管它能不能独立上市，都能成功地度过这个冬天。"

京东是刘强东人生起步的原点，是他实现理想的摇篮，更是他实现人生事业的地方。他头脑清晰，目标明确。他有办法凝聚用户，有了用户的支持，他就可以占有市场份额，他的京东就能够高速发展。他的用户体验理念，新颖奇特，值得推介。

2010 年，京东在全国校园开展了“校园之星”活动。

有人不理解，说：“老刘又在搞花样了。”

其实，一代电商之王不是在搞什么花样，而是在培育大学生用户群。他的做法又一次震惊了电商界。

网购的主力军在哪里呢？一个企业如何培养潜在用户来保证企业的后续发展潜力？

刘强东在电子商务实践中，一直在潜心研究这个问题。

据京东的电子商务网站服务评估数字统计显示，2010 年，19 岁至 30 岁的学生和年轻白领仍是我国网购的的主力军，其中，19 岁至 24 岁的人群以在校大学生为主，其所实现的订单量占到了总量的 31%。大学生群体已成为网购最有实力的潜在购买人群。这一发现，让敏感的刘强东兴奋。他开始意识到，学生网购人群是不能忽视的中国网购主力军！他们尤其热衷于数码产品。他当即拍板决定，开发大学生消费市场。他在研究开发细节时，尤其要求为大学生网购群体提供符合其消费习惯的服务。

为了吸引 90 后新生的注意力，京东打出了自己的特色牌：“营销 + 公益”。

京东的这次“校园之星”活动从大学生青少年的需求出发，顺应高校生活的潮流，开展了最热门、最时尚的“选秀”活动，在才艺展示的同时，注入社会公益元素；以细分、拓展用户群的新尝试，融合了大学生的购物体验和品牌的传播；在推动校园文化建设的基础上，让 90 后新生代体验到网购的放心和便捷。京东相继在各大校园展开互动体验等活动，大学生用户们在这种神奇的活动中，亲身体验了网购的品牌商品质优价廉和方便快捷的服务。

京东在培养潜在用户的棋局中，下了一招好棋。

通过“校园之星”活动，京东接近了大学生网购群体，得到了大学生们的喜爱，取得了大学生的品牌认同感，提升了品牌和产品在学生中的影响力，取得了校园市场发展的优势；刘强东还通过选秀活动向可培养的人才提供实习机会，推动了校园文化建设；并通过设立奖项回馈社会。

京东作为全国最大的网络零售商，通过“校园之星”选秀活动，培育了潜在用户，发掘了企业后续发展的潜力，此举的影响和价值无可估量。

10
黑马在竞争的硝烟中奔驰

京东在短短的几年内，在竞争的战火硝烟中，创造了中国电商的神话。他们用“低成本和高效率”来证明电子商务企业有能力在给消费者带来低价的同时，让品牌商获取合理利润，促进整个产业良性发展，给产业链带来价值。

刘强东自从踏入电子商务领域，就在竞争中左冲右突，前有国美、苏宁，后有淘宝、当当，一路走来，就像久战沙场的将军，金戈铁马，逐鹿电商市场。他跃马扬鞭，带领着京东纵横捭阖，尽显风流，越战越勇。

2012 年初，敏锐的刘强东闻到一股火药味，一场电商的竞争不可避免地展开了。先是马云的一淘网率先对京东摆开了攻击架势，随后苏宁易购和国美电器网上商城、库巴网、亚马逊中国、当当网等纷纷投入“战场”，对京东展开了新一轮“围剿”。刘强东则面带微笑，笑傲疆场，披挂盔甲，冲上市场，以改天换地的意志，带领京东快速扩充商品种类，从百货到汽车，再到酒店预订、在线游戏、电子图书，京东无所不有了。

勇者无疆，刘强东在残酷的电子商务竞争中，独善其身，越战越勇，虽步步惊心，却在无数次和对手的交锋中强大起来。

无畏，冲破对手们的重重围剿

2011 年，中国电商领域又起硝烟，价格战一场接一场，对手们血红着眼睛，毫不留情地针对京东而来。刘强东胯下的黑马都发怒了，昂首嘶鸣，冲向战场。

年初，当当网的老大李国庆为了打击京东，率先发动了价格战，随后，国美电器网上商城、库巴网、苏宁易购随即参战。一时间，不同商品的价格混战越演越烈，电商之间互相争斗，但主要矛头是对着京东的。

坚韧顽强的刘强东早已披挂上盔甲，从容迎战。

3 月 14 日，为了报复与当当网火拼图书价格的京东，李国庆高调表示：3 月 15 日、16 日两天，当当网将进行一场力度空前的图书返利大促销。

刘强东立即在新浪微博上回应："晕！本来准备把图书仓库建完再开战的……"他立即决定，从 2011 年 3 月 15 日 0 点——2011 年 3 月 16 日，京东的图书、音乐、影视、教育音像全场满 100 元返 50 元"东券"，满 200 元返 100 元"东券"，完成订单并领取"东券"截止时间为 2011 年 3 月 31 日。

京东的反击可谓痛快淋漓！一时间，京东和当当网的图书价格战打得难解难分。

鹬蚌相争，渔翁得利。

这时候在悄悄观战的苏宁易购、库巴网和国美电器网上商城，乘刘强东陷入与当当网的图书大战之际，在 3C 产品、家电产品上发动了价格攻击战，直攻京东的“心脏”。当月一些产品的公开标价足以反应价格战的险恶：格力的某款空调在京东标价 3098 元，库巴网标价 2739 元；LG32 寸液晶电视，京东标价 2289 元，苏宁易购 2198 元；苏宁易购的摩托罗拉 XT800 标价 3035 元，京东标价 3079 元，国美电器网上商城标价 3075 元；尼康 D90 单反套机京东标价 7599 元，苏宁易购标价 7299 元。

这场价格战中，京东的对手采取不同的方式参战，他们并不是把所有商品的价格降低，而是选择几款商品以低于对手的价格出售，目的无非是树立自己的低价形象，从而占有市场份额。刘强东意识到，国美、苏宁的“参战”使京东失去了价格的话语权。

除此之外，电商们还质疑式的攻击京东。李国庆就在 5 月 21 日的“第 6 届中国国互联网站长年会”上说：“刘强东没有 30 亿美元，肯定打不过当当。如果刘强东拿出 30 亿美元，就把当当网卖给京东。”国美电器网上商城的韩德鹏，在 5 月 25 日于上海召开的“国美电器网上商城底价运动与云战略发布会”上说：“某电商总说自己的商品便宜，但不可持续，因为采购凌乱，东拼西凑，很多产品甚至从国美买走，然后再卖，而且总搞些有玄机的营销，东西便宜，但消费者就是买不着，因为它在‘炒货’。”韩德鹏甚至爆料，国美拒绝了一个 3000 万元的“黄牛党”订单。

刘强东随即否认韩德鹏的说法，强调京东与上游供应商合作紧密，拥有正规进货渠道。他在微博上写到：公司年初预计今年营收 240 亿～260 亿元，现调整为 280 亿～300 亿元，其中日用百货部分增长了 522%。

对于刘强东的说法，苏宁易购立即质疑，由此可见中国电商领域火药味浓烈。

国美和苏宁为何不留情面地直接和京东对战呢？

早在 2001 年的时候，刘强东的“京东多媒体”在中关村苏州街的银丰大厦开张，销售电脑外设产品，他就雄心勃勃地说：“京东要像国美一样，在全国开 1000 家连锁店。”四年后，他却以超低价策略杀入电商领域，以全新的商业模式侵占和分吃国美的“奶酪”，直接冲击国美。

为了和国美竞争，京东首先是打通与产品供应商们的关系。京东在初始产品供应商对网络销售并不看好的情况下，做足了文章。他们先是免去产品进入京东的各种“苛捐杂税”，然后承诺 20 天返款，后来还提供精确的消费数据，供厂商对自己的产品做出相应的分析。这一系列举措，使厂商和国美的关系受到影响，开始掉头和京东合作。

国美震惊得目瞪口呆，还没回过神来，京东又在客户群体上给了国美重重一击。京东做网上 3C 产品销售，对象是年轻群体，刘强东采取一切办法培育年轻客户群：培育校园市场、招聘大学生、在校园建立提货点等等。京东和国美抢夺伴随着网络长大的大学生，并把他们作为未来的电子购物主体去培养，这无疑又分吃了国美的“奶酪”，造成国美年轻客户流失。

聪明的刘强东还在培养企业客户上下了大功夫。2009 年的时候，京东就拥有了 1.3 万个企业客户，实现了 4 亿元的销售额，甚至千万元的大单也是有的。

在客户的争夺上，刘强东目光远大，他培育年轻客户，不仅仅为了眼下，更重要的是未来。如今的年轻大学生在今后要成家立业，对家电的需求足以让京东生意火爆。不论是家电还是百货，有了这样的年轻客户群，京东在未来的竞争中就会立于不败之地。

毫无疑问，京东的发展侵占了国美的“奶酪”，国美不得不改善与供应商的关系，来加大竞争筹码。

曾一度雄霸中国大地的国美面对京东的崛起，还是大吃一惊。早在2004年前，黄光裕就曾说过：“能对国美造成威胁的，除了全球巨头的进驻，就是电子商务。”国美的电子商务发展得也比较早，从2004年建网络商城，到2011年斥资收购库巴网80%的股份，国美和京东的竞争从传统商业模式一直到电子商务，而且越战越激烈。其实，不论是京东还是国美，其最大的竞争对手都是自己，只有战胜了自己，才能立于不败之地。

挑战电商老大，京东勇斗淘宝

马云的阿里系一直雄踞电子商务老大的地位，京东则像突然杀出的一匹黑马，和马云较量。两家纷争不断，他们之间的“战争”一次比一次惨烈，谁能笑到最后，拭目以待吧。

众所周知，支付宝是电子商务支付的工具，淘宝100%的交易都是通过支付宝进行的，这是马云推动淘宝成为未来电商领域王者的核心产业。据易观国际发布的报告称，2010年中国第三方支付市场交易额达到11324亿美元，支付宝就占49%的份额。除了淘宝和阿里巴巴，其他使用支付宝的客户已达到46万家。2011年5月26日，支付宝成为首批获得央行发放的《支付业务许可证》的27家单位之一。

2011年5月18日，刘强东透露消息："明年京东使用支付宝要比使用其它支付方式多付500万~600万元费用……京东90%的货物都是货到付款，在线支付只占10%，并且第一大是快钱，而非支付宝，支付宝只占总销售额的1%~2%，（放弃使用支付宝）对京东影响很小。"

2011年底，刘强东在考虑2012是否续用支付宝之前，曾给马云打过电话，表示京东作为支付宝的大客户，能否降低费率，毕竟电商赚钱不容易，千分之三的费率太高。马云在电话里的意思是"想办法促成这件事。"随后双方沟通的结果却出乎刘强东的意料：支付宝决定维持3%的利率不变。给出的解释是"不能破了行规。"

有人传出消息，是支付宝管理层否决了马云的建议。刘强东却觉得，在阿里巴巴，没有马云搞不定的事。由此得出的结论是：马云不仗义。如果马云采纳了刘强东的建议，以京东交易300亿元计，可节省费率是3000万元。然而，对于京东与刘强东而言，更担心支付宝收集京东商业机密，包括总交易量、单品类交易量、交易量的高峰与低谷。支付宝与天猫商城同是阿里系企业，把这些数据提供给天猫商城，会成为天猫商城对付京东的依据。刘强东觉得，支付宝是个摄像头，还是对手的摄像头，会扮演"无间道"。

京东弃用支付宝后，和银联合作推出新的支付工具。由此，刘强东和马云结下了梁子。

弃用支付宝只是一个现象，两家最根本的冲突是京东与天猫商城要争做B2C行业的老大，马云与刘强东要争做电商行业的老大，刘强东不愿让京东成为对手赚钱的工具。

在京东宣布弃用支付宝的当天，支付宝发表声明：“尊重并理解京东这一商业决定……鉴于双方目前尚在合约期内，支付宝仍会继续为京东的用户提供支付宝付款服务。”

事实上，京东从2011年6月就已经停止使用支付宝了，而合约是截止到8月。

京东彻底弃用支付宝，两家分道扬镳后，支付宝和京东的对手苏宁易购打得火热。

一个是电商老大，一个是电商新星，马云和刘强东短兵相接“大打出手”，竞争风起云涌，这种竞争已经达到白热化了，比价格战更进了一步。谁主沉浮？人们拭目以待。

竞争不可避免，竞争是最有力的激励。电商们如何从争斗中走出来，彼此合作，刘强东在与竞争对手的无数次交锋中发出呼唤：不能整日盼着竞争对手死掉，完善自己，万紫千红才是春。

商家之间的竞争向来惨烈，电商也不例外。自从京东闯进电商领域后，淘宝掌门人马云一直盯着刘强东，两代“电商之王”打得着实热闹。

众所周知，马云的淘宝网当时拆分为三家公司，形成三足鼎力。淘宝网旗下的一淘商品搜索是淘宝网提出的一项全新的服务，其职能是利用淘宝丰富的产品和资讯这一优势，解决用户在购前和购后遇到的各种问题。

2011年10月24日下午5点30分左右，刘强东在微博上发布一条消息，指责某公司擅自抓取了京东的客户评价信息：“一家网站未经我们允许直接抓取我们所有的产品评价，这些产品评价是京东花费了价值过亿的积分激励用户写出来的，你怎么也要打声招呼吧？实在难以相信这是一家整日倡导‘新商业文明、诚信’的公司所为，这和鸡鸣狗盗行为有何分别?”

虽然刘强东没有点名道姓，一淘网却立即承认是己所为，并理直气壮地表示，这是尊重互联网公开透明的精神。更有甚者，一淘网通过官方微博反击说：“此前您说费率过高停用支付宝，我们没说什么，您又说一淘抓取评价信息，作为购物搜索，一淘就是要让互联网透明给消费者实惠，新商业文明和诚信您不信但我们信，市场竞争必然让消费者有更多选择。”后来，刘强东删除了他之前发布的微博，不再做任何回应。当晚9点钟左右，京东技术人员通过技术手段屏蔽了一淘网，一淘网的网络蜘蛛再也无法抓取京东的客户评价信息了。

刘强东使用了当年马云对付百度李彦宏的手法，屏蔽了对手的威胁。刘强东认为，一淘搜索抓取京东的用户评价后，完全可以利用搜索的比价来分流京东的客户，或者钳制京东客户流量入口，上演赤裸裸的电商行业价格竞争，使一淘成为超级电商门户。刘强东必须在一淘用户习惯未培养起来之前拒绝一淘。

京东屏蔽一淘网一事成为电商们屏蔽一淘的导火索。不久，当当网和苏宁易购也加入了屏蔽一淘网的阵营。与此同时，有微博消息称，包括国美网上商城在内的500家网站与一淘网建立合作，同一淘签订了合作协议，加入了一淘网的“一账通”体系。一波未平一波又起，一淘网继而采取分化瓦解的手法收服电商们。2011年9月28日，一淘网发表言论：“我们愿意和当当、苏宁展开合作商谈。”对于京东，一淘则表示：“京东的评论我们已经停止抓取，但一淘将会继续在网页上保留京东的商品价格信息。”

刘强东警觉起来，忍无可忍的他直接把矛头指向了马云：

“信息透明、为用户服务？这种骗人的鬼话已经没人信了，早晚谁给钱谁就排在前面，别想得到公平的信息。这只会加重电商的负担，最终还是消费者买单！”马云讽刺刘强东：“我不看好这种低价买来东西，然后在网上高价卖出去的模式。”

竞争仿佛是电商们的家常便饭了，也难怪，有电商的地方就有竞争，市场经济就是如此。

2011 年的秋天，原淘宝商城更名为“天猫”。天猫成为将众多独立开店的商家聚合起来的开放平台，天猫宣布：邀请 1 号店、乐淘、银泰网、库巴网等 38 家垂直 B2C 电商企业入驻天猫开旗舰店，京东不在邀请之列。对此，天猫总裁张勇说：“京东要符合天猫两个条件，才能进驻天猫开旗舰店：重新启用支付宝和停止只为销售额不惜亏本的竞争模式，如果不能满足这两个条件，一切免谈。”

面对张勇的这一说法，刘强东微微一笑，不予理睬。京东拥有自己的 B2C 平台，并针对电子商务的特点进行定制研发，使其在短短的几年内迅速崛起。刘强东通过微博已经对网络推广和炒作的窍门熟之又熟了。他在 2012 年扩充了京东公关团队的规模，加大了广告的投入力度。

商场从来不缺乏竞争，激烈的竞争会推动商务的进步和发展，京东和淘宝作为 B2C 电商领域双雄，他们对决的结果将决定当前行业格局。

刘强东说，竞争对手都是朋友，京东只有修炼内功，才能战胜竞争对手，走到最后，笑到最后。

2011 年 10 月 10 日，天猫推出了 2012 年度商家招商续签及规则调整公告，按照此公告规定，进驻天猫的所有商家需在年底拿出比以往多出10多万元的资金给天猫。这一地震性的消息立即引起轩然大波，天猫的挤压，导致众多小卖家难以继续经营。第2天，众多小卖家开始攻击天猫。近7000名网友结集YY语音，有组织地对天猫的韩都衣舍、欧莎、七格格、依衣库等几个大卖家实施“拍商品、给差评、拒付款”的攻击行为。天猫遭受严重损失，马云陷入困境。

腾讯立即发表声明，敞开胸怀欢迎商户入驻，并设绿色通道，提供亿元营销资源，承诺合作伙伴“不离不弃”；当当网也承诺短期内不会提高平台商家的收费标准；一些二线阵营的电商也向天猫商户抛出了橄榄枝。

特立独行的刘强东却做出了反其道而行之的决定：京东向商户最低收取10万元保证金，而商品类商家最高要交50万元保证金。

即使京东向商户收取更高的保证金，人气也仍然火爆。这不能不让人看好京东的人气以及京东的商户质量。

刘强东站在高处，目光远大，他预言：5年后，中国的综合性B2C电子商务公司最多只能剩1—3家，而个品类垂直型电子商务公司会很多，但规模都不会很大。

一向把培养用户作为头等大事的刘强东认为，没有自己用户的电子商务公司是没有价值的。电商要学会积累自己的用户，创建自己的商城。

事实上，刘强东是对的。很多在淘宝网上做得不错的卖家，成立了自己的B2C公司，但在寻找融资渴望做大的路上，遇到很多困难，因为他们的所有用户都在淘宝平台上。淘宝旗下的大卖家要做强做大自己，必须买下域名，开始经营自己独立的网店商城。淘宝的大卖家“柠檬绿茶”已经开了自己独立的网上商城了。

图书价格战场上的故事

价格战一天不打就得死。

自从刘强东在京东增加了图书，京东就和当当网较起了劲，从来就没有平静过的电子商业市场硝烟四起。一匹靠 3C 起家的电商黑马，凭什么和成立了 11 年并已经在纽约交易所完成上市的图书销售企业——当当网拼杀？

天下人都知道，李国庆创办当当网，堪称业内第一个敢吃螃蟹的人。他凭自己的人脉，已经在图书网络销售行业辗转腾挪了十多年，赢得了众多消费者和供应商的认可。京东却像一匹剽悍的黑马，突然闯进了图书销售领域，成为当当网最大的竞争对手。李国庆在震惊的同时，也做好了迎战的准备。

这是需要勇气和魄力的。

2011 年 5 月 23 日，刘强东继一年前在微博上与李国庆“斗法”后，再度掀起价格战，以四折销售少儿图书。当当网随即迎战，推出了 3 万种图书三九折封顶和精美童书一九折起的战术。刘强东见状，马上提出：京东要拿出销售额的 3% 直接补贴给作者、对出版社缩短账期，以此还击李国庆的挑战。

对于京东和当当网的价格厮杀，最伤不起的是出版社。当年的 6 月 14 日，中国出版协会、中国书刊发行协会、中国新华书店协会与抵制京东的 24 家少儿出版社再度达成协议，要联合抵制京东等网上书店，并停止为其供货。

京东这匹黑马怒气冲天，又一次昂首嘶鸣了。

面对出版界的封杀，刘强东生气了，京东小的时候，总是遭到封杀，现在规模大了，还敢封杀京东？他对京东图书团队说："记录下这些出版社的名字，声明以后他们的图书一律按四折销售"。其实，这24家出版社不是只针对京东，而是因为京东风头正盛，媒体炒作而已。

刘强东不管封杀不封杀，以更加强势的劲头转战图书价格战中。刘强东继续甩卖图书，不管怎么样，发展才是硬道理，京东要发展，没有市场怎么行？而开发市场的唯一手段，就是低价策略。6月7日，刘强东宣布："武汉图书仓库已经正式运营了。加上沈阳仓库，我们已经开通6大图书仓！还是那个承诺，8月底前实现图书'211限时送达服务'！另外，本月京东图书销售额首破5000万元！年底前力争实现单月破亿元记录！"

真是越战越强！

唐代柳宗元曾说："夫气烦则虑乱，视壅则志滞，君子则必有游息之物，高明之具，使之清宁平夷，横若有余，然后理达则事成。"王国维也在他的《人间词话》中提出：古来成大事业者，做大学问者，一定要有很高的心胸境界。

刘强东不管风吹浪打，胜似闲庭信步地指挥着这场图书价格战，那份从容，那份自信，那份胸襟和气量，真的达到成大事者的心胸境界，令人钦佩。

当当网的大当家李国庆眼睁睁地看着刘强东这匹闯进图书销售领地的黑马，一点点蚕食着他的"奶酪"，一步步做大做强。面对这种情况，李国庆只得摇摇头，他在想什么？无人可知。

对此，刘强东说："价格战有利于双方的进步。"京东通过阳光价格战，进一步提升了自身的管理能力，激发了员工的工作热情。更让人欣慰的是，提升了企业的知名度。这应该比打广告合算多了。

这就是一代电商之王的心灵境界。

京东上线电子图书，再燃竞争战火。

随着网上科技的成熟和发展，电子阅读时代披红挂彩地到来。据统计，截至2010年底，中国电子阅读器的销量已经达到了46万部。

刘强东敏锐地看到了商机，开始关注电子阅读市场。

2012年2月12日，京东正式启动了电子书刊业务，上线电子图书多达8万种，图书供应商200多家。同时，智能机、PC阅读客户端也同步上线。

京东电子图书在当当网电子图书上线两个月后推出，京东上线的电子图书种类超过当当网。很明显，京东是为了让当当网先探路，效果好就上线，效果不好就再等等看。上线后的京东电子图书开辟了专门介绍电子书特点的板块，比如，好友分享、移动支付以及批注笔记等功能。运行了一段时间后，京东推出了自主研发的透明DRM数字版权保护技术，这种技术在整个数据加工流程中只支持源数据在指定计算机中扭转，不支持源数据的任何拷贝行为，源数据管理平台负责记录每一个环节的操作行为。

京东的挑战来势汹汹，当当网更不甘坐以待毙！当天就宣布其线上电子书扩到10万种，并将原来的数字书刊更名为“数字馆”，包括电子书、期刊、视频等，形成了线上娱乐生态链。

然而，刘强东带领京东稳扎稳打，开始挑战当当网线上图书销售，并加紧步伐追赶当当网，大有后来者居上的姿态。在纸质书的销售上，京东加快了步伐，当当网2011年图书销售在20亿元左右，京东在次年的前两个月纸质书的销售较去年同期增长了

820%，2012 年就突破了 15 亿元，2013 年超过了 20 亿元。

京东的图书销售不断冲击当当网的图书业务，当当网不甘示弱，两家战火不断，打得难解难分，真是应了那句话：同行是冤家。

刘强东在他的大棋局上下完电子图书这颗关键的棋子后，雄心勃勃地说："不久的将来买书上京东不再是第三选择（另外两家是当当网和亚马逊）。"

京东的强势进攻，让当当网业绩受挫。2011 年底，DCM、ICM、老虎基金、大摩（摩根士丹利）四大机构清空其直接持有的当当网股份。

2012 年 2 月 24 日，京东与海信、TCL 等电视厂商及欢网科技、纬创资通合作开发的安卓智能电视客户端上线，布局电视购物。通过此系统，消费者使用遥控器就可以完成购物。在此之前，亚马逊是第一个采用终端主导内容的方式进入电子阅读领域的，紧随其后的是当当网，京东是第三家涉足电子阅读市场的。不过，京东不仅仅是推出客户端软件，还在与多家厂商就电脑整机、智能手机、电子书和平板电脑等硬件商谈合作事宜。

继推出安卓和 PC 系统客户端之后，京东又推出 windows phone 等客户端，目的是做到读者购买电子书后可以在所有的硬件终端产品上使用。除此之外，京东还为每本电子书配备了设备码，以防盗版。到 2012 年底，京东上线电子书刊已达 30 万种，并逐步推出有声读物、数字影视和报纸等。2013 年，京东的电子书销售业务实现了 25% 至 30% 的盈利。

这样振奋人心的消息让当当网很不爽，虽然京东在此方面还不尽如人意，与当当网比还有差距，但李国庆还是当即加大了电子图书的布局：一方面，追求畅销书发售的数量；另一方面，根据不同读者的需求，推出更多款式的手持阅读器产品。李国庆为此还专门在微博上征求消费者的意见。

在电子书的销售上，除去版权问题，最大的问题就是能否赚钱。

对于这个问题，刘强东有自己的看法。他说："电子书平均定价是纸质图书的三分之一左右，是京东和版权商协商决定的，并且将按照6∶4至7∶3之间的比例和经销商分成，将大头让给经销商。"据了解，当当电子书业务也没有打算马上赚钱，就连他们推出的电子阅读器价格都很低，基本在299元到499元之间。

2012年的时候，中国电子书市场刚刚起步，电子阅读人群还很少。电商们涉足电子书领域，无非是布局市场，赚取点击率，为未来的电子图书市场鸣锣开道。

当当网的大当家李国庆就说过这样的话："先培育市场，让受众习惯数字阅读，然后再习惯数字付费。"不能不说，李国庆眼光是独到的。

2012年应该是中国电子书市场的元年，市场发展潜力巨大，京东和当当网作为中国电子商务上线电子图书的两家大企业必有一拼，竞争会很惨烈。当当网的实力不可小觑，而京东作为后起之秀，攻势之猛，布局之稳，发展之快，都是不可轻视的电子图书大家。他们都需要不断开拓进取，淬火、放大、整合，苦修与沉淀，才能立于不败之地。

京东的强势发展，逐步蚕食对手的"奶酪"，让电商们很不爽。尤其是国美受到了严重威胁，不得不做出与当当网战略结盟这样解决不了多大问题的决定。

这个时候，苏宁易购的规模也在不断扩大，已经囊括了百货和图书等商品，并构建了商品五大采购中心，转型为综合电商，销售额仅次于天猫和京东，在中国 B2C 电子商务企业中排第三。

中国电商随着规模的不断扩大，已经形成新格局，而新格局必然导致竞争新形势，势必有一场厮杀和搏击。

针尖对麦芒

自电子商务在中国迅猛发展以来，电商之间的战争从来没有停止过，而刘强东这匹闯进电子商务的黑马，在一场接一场的战争里顽强拼搏，在杀出一条血路的同时，逐步成长、成熟。他的面前，展开了广阔深邃的天地。他那颗火热的心，随着改革开放的步伐，执着地律动着。他必须融入战斗，让京东飞速发展，给这美丽的生活再添色彩。

他是个超级战士。

所以，他处变不惊，坦然接受一场比一场更加惨烈的竞争，经历着一种情感和意志的磨练，这种磨练完善了他的人格，砥砺着他的创造，升华着他的精神境界。他在这竞争中不断创新、成熟，寻找着一代电商成长的心灵轨迹，他的王者风范，逐渐丰满。

刘强东听到了时代的呼唤，他在采撷和塑造中国电子商务企业的丰厚历史，他感到改革时代的一种慷慨恩典。

自从京东上线图书，他和当当网的大当家李国庆就开始了针尖对麦芒的竞争，不是刘强东发动图书价格战，就是李国庆发动 3C 数码大战或者参与电商们攻击刘强东的行动。两个电商领域的男主角，你方唱罢我登场，一时间，硝烟战火不断燃起。

电商们不寂寞了。

京东却在烽火中成长。

2011 年 9 月京东举办国庆节“沙漠风暴来袭”促销活动，这次活动的特点还真是挺抢眼：“0 利润，全网底价”、“让利 10 亿元，创造国内家电行业销售史上的最高纪录。”此项活动持续到 10 月 31 日。

无意苦争春，一任群芳妒。京东本来就是搞一次国庆节大促销，不想这一举措成了价格战的导火索，一场价格战势不可挡地爆发了。

当当网认为，京东把战火烧到了家门口，马上提出了“斩首行动”的促销活动，促销的商品针对京东 3C 家电销售排行榜上的各个品类前 50 类畅销品大降价。李国庆互不相让地回敬刘强东更加猛烈的战火。

价格战的烈火熊熊燃烧，那火光红透了半边天。

随即，国美电器网上商城和苏宁易购、库巴网也相继发起价格战，试图狠狠打击京东。苏宁易购势头强劲，掀起了“国庆零利风暴”、“秒杀从节前开始”、“早抢早惠早出游”；库巴网迎战语更露骨：“零利是浮云，奉陪到底”。

有人迎战了，这更加激发刘强东的战斗意志，他披挂上阵，以特别能战斗的精神杀向战场。

国美电器网上商城、苏宁易购和库巴网的参战，使刘强东成为众矢之的，一时间，电商领域刀枪剑戟，战马嘶鸣。

亚马逊中国一看“战火”越燃越烈，它也不再置身度外，推出了“十一狂欢，全天不停”的促销活动，从 9 月 13 日到 10 月 9 日，亚马逊中国在大家电、电视音响、厨卫电器的销售中，也是"低价抢购，击穿价格底线"。

这边，电商们大打价格战，那边，消费者乐滋滋地抱着实惠回家。

电商们的价格战让电子商务这个舞台充满了魅力，刘强东在这个舞台上不断创新，发挥其优势，淋漓尽致地展现着自己的风采。

再次冲破电商们的围剿

2011 年 6 月 18 日，京东店庆日！

刘强东一大早起来，兴奋地拿起电话再次布置店庆日活动的细节，这位 70 后电子商务企业家，喜欢把每一件事情做细。今天，京东在店庆活动的同时，推出了感恩用户活动：全场开卖超低价格商品，比如 iPhone4 只要 2999 元、42 寸 3D 电视 1888 元、按摩椅 999 元、豆浆机 99 元等。

谁也不会想到，京东店庆日的回馈客户活动竟然引起一场地震一样的价格战，京东再次遭到强劲对手们的围剿。对手们气势汹汹，挥舞着刀枪剑戟冲杀过来。一时间，电商领域战马嘶鸣，战尘滚滚，硝烟弥漫。

国美旗下的库巴网最先发动攻势，从 6 月 17 日上午 10 点开始，为期 3 天的 72 小时癫狂派对，10 大类数百款产品大幅降价热卖；新七天电器网开展了从 7 月 1 日到 8 月 1 日"电器裸价，敢比三家"的裸价促销活动；苏宁易购对京东从来不手软，也立马开展了"击穿底价，血拼 6 月"的促销活动，并提出所销售的电器产品终身免费保养；亚马逊中国更是不甘落后，推出"6 月杀价王"的活动，规模之大，涉及商品之多，都是前所未有的。

当当网的李国庆这回可找到了图书价格战的复仇机会，推出了“轰响年中庆，愤怒第1炮”的促销活动，活动规定当当网全场各类商品超低价，消费者同时还可以获得百货满150元返50元，电脑、数码类满500元返50元的优惠。

电商们联合杀价的商品都是电器类，等于朝着京东的要害猛打猛攻，要知道，这可是京东的主打产品。这次围剿，电商们下手之狠，用力之大，都是超常的。

面对电商们的围攻，刘强东泰然自若，做着自己该做的事情。6月18日，京东接到订单50万个，销售额超过2亿元，这可是当时中国电子商务市场单日销售额的最高纪录。刘强东带领他的团队，再一次冲破了对手们的围剿，昂首阔步走在如歌的岁月中。

长期研究中小企业战略的亚太竞争力APCC研究院（中国）执行院长王韦铭这样分析：“刘强东是一个超常家，但这种以价格拼规模的商业模型从某种意义上来讲，多卖一件多赔一件。3C产品利润低，当京东希望拓展新业务时遇到的压力和阻力不容小觑。”

淘宝挑战京东

2012年初始，电商们在一番忙碌后，还没得到喘息，新年第一场电商竞争之仗就打响了，其领衔主角就是淘宝的掌门人马云和京东的CEO刘强东。这两位电商领域的风云人物演绎了一场颇吸引人眼球的电商领域诸侯争霸的大戏，这场戏越演越烈，大有不大获全胜决不收兵之势。

在电商领域，马云是“前辈”，刘强东是“后生”，自从刘强东这匹黑马杀进电商领域，他分吃了马云多少“奶酪”？现在，就是这个刘强东从中国电商领域的竞争中脱颖而出，威胁到了马云互联网霸主的地位，怎能不让马云愤恨呢？

两个电商大家之间燃起战火，几乎烧透了电商领域的天，打得难解难分。

事情是这样的。

2012年新年的假期刚过，马云麾下的一淘网就发布数字称：2011年第四季度京东价格涨幅度领衔于国内B2C网站，从2011年9月20日到2012年1月，京东商品价格持续上涨，平均涨价指数基本保持在5%到15%之间，涨价曲线呈怪异“M”型，两次涨价高峰分别是2011年10月初和12月初，价格涨幅都超过了15%，远远高于其他B2C商家的1%到5%的幅度。

一淘网的这份“涨价”数据单，再度燃起京东和淘宝之间的战火。

马云的再度挑战让一向实施“低价战略”、号称全网最低价的刘强东很是愤怒，京东立即发表声明驳斥一淘网：一淘网发布的B2C价格监测，称京东商品价格领涨幅度远超天猫，涨幅高达15%，是凭空捏造的诽谤行为，毫无事实根据。京东既没有也绝对不可能涨价15%，那纯属自杀行为。

打蛇打七寸，京东抓住淘宝的软肋，指出：阿里作为中国电商行业的一员，发布所谓的牵涉竞争对手的报告，本身就缺乏公正性！我们希望阿里能够把精力用在清除平台上大量水货、假货上来，做好自己该做的事情，而不是想方设法去攻击竞争对手、抬高自己！

恼羞成怒的一淘网立即回击：所有数据均来自价格监测系统对5000家购物网站信息的收录。一淘网指出京东一款伊莱克斯吸尘器在三个月内涨幅达26.5%；一款飞利浦手机涨幅超过27%等等。

刘强东则抨击一淘网帮助消费者作出选择是蠢货。

对于一淘对京东的指责，有业内人士出来打抱不平，指出：这样少的抽样太不科学了，起码要做大样本，双盲测试。这种分析应交给没有利益冲突的独立第三方，否则谁也不会服气。

丁磊的“有道搜索”发布了监控数据说：有道监控数据显示，在过去的9个月内，京东、天猫、亚马逊中国等多家主流B2C价格上涨不足1%……虽然京东家居类最高涨幅5.4%，书籍最高涨幅6%，运动器材和食品也有5.1%和3.5%的涨幅，但3C产品价格微降0.7%，使得整体涨幅仅为0.52%。

有道搜索作为第三方，他们的数据无疑是对京东有利的。

电商们再度围攻京东

电子商务领域的竞争一天也没有停止过。电商们为了自己的利益，一会儿攻击这个，一会儿又形成联盟，弄得人眼花缭乱。真应了那句话：“天下熙熙皆为利来，天下攘攘皆为利往。”中国电子商务市场蓬勃发展，各路诸侯纷纷涌来，从当当网到卓越，从淘宝到京东，各显其能，互不相让，电商的发展始终都验证着适者生存的道理，竞争不激烈才怪呢。

2011年，当当网全年实现销售额约36亿元，而京东实现销售额超过了300亿元。随着京东的飞速发展，当当网的生存空间越来越小。到了2012年，李国庆开始不断挑起战火，先是利用微博攻击京东，试图动摇京东的资金链条，从而扰乱消费者、市场和投资者的信心，钳制京东上市。刘强东沉稳应对，毫不示弱，表现了王者的风度。不料，马云在李国庆攻击刘强东后的第5天出手了，他在杭州与30多家B2C公司进行了秘密沟通，拟定了2012年市场竞争策略。李国庆在这次秘密沟通中和马云达成了协议，秘密结盟，当当网在2012年6月进驻天猫；马云还与马化腾结成战略同盟，与QQ网购达成了排他性协议，独家运营QQ网购的图书和母婴产品。然而，2014年，腾讯牵手京东，当真是风水轮流转。电商之间，一场平台大战开始了。

2011年，京东确立了自营业务的市场地位，又不断地在POP（开放平台）领域取得成果，这些严重威胁到了天猫的生存空间。马云意识到，京东的POP已经成为天猫的心头之患。所以，他结盟李国庆的目的就是对抗刘强东。

谁知，刘强东却全然不顾马云的攻击，自顾自地依然在自己的领域里深耕细作，不断引入海量的外部商家迅速扩张京东的整体销售规模。很快，POP平台业务就给京东带来了丰厚的赢利。2011年，天猫交易额达到1000亿元，他们通过向第三方B2C电商收取佣金实现的营运收入约在30亿至50亿元之间。而京东POP业务销售额为30亿元，占整体销售额的10%，实现营收约在9000万至1.5亿元左右。

京东的发展模式是自营和POP两种齐头并进。其中POP平台业务已经提升到了公司第五大部门，与日用百货、消费电子、IT、图书等四大部门并列，成为京东重要的增长点。2012年，京东POP业务发展速度更为惊人，已实现200亿元的业绩目标。刘强东正在为其实现占整体销售额的比重达到30%而努力。

2012年4月11日，暖春的空气清新润碧，让人神清气爽。

一大早，刘强东精神抖擞地走进京东总部办公室，准备召开坚持了10多年的早会，研究在这样一个美好的春日，京东所要做的大事小情。接下来发生的事情有点令人啼笑皆非。他看到苏宁易购的挑战书，而这是一首藏头诗，作者颇有才情。

“易帜诸侯群思变，购储兵马拼钱粮。单骑纵横匹夫勇，挑落城头吕奉先，京观处处埋尸骨，东风燃尽赤壁血。淘尽多少豪杰梦，宝鼎归一晋元年。”

这首诗的每一句第一字连起来，就是“易购单挑京东淘宝”。

刘强东笑了，这战书下的好别致。看来，苏宁易购有人才。

接下来，苏宁易购大张旗鼓地开了战场，鸣锣喊叫，一副志在必得的样子。

2012年4月14日，苏宁易购召开视频会议，发布：“击穿全网底价何必东比西淘”的全网战书，一场全网价格战拉开了序幕。

这场价格战中，苏宁的活动有三：

(1) 4月16日—17日，开展易付宝充100返100活动；

(2) 4月18日—20日，开启“底价日”活动，每天举行三场三折专场；

(3) 苏宁易购每个月的18日都会启动一轮促销。

为了这次活动，苏宁易购投入10亿元特价畅销货源和上亿元让利额度。

面对苏宁易购的挑战，电商江湖烽烟四起，电商们如坐针毡，最先做出回应的是国美和当当。国美进驻当当网，开卖家电产品，并从5月份开始，全面启动“刷新全网底价”的新一轮促销活动，大家电平均市场降幅高达三成，最高降幅超60%，真是下了血本了；当当网在国美家电专区打出直降2000元的广告；马云也出手还击苏宁易购，天猫向海信、康佳等上百家家电厂商发送邀请函，制定暑期家电促销规划，抢占暑期市场；亚马逊中国也加入厮杀的战场，宣布启动亚马逊中国有史以来规模最大、参与品牌最多的店庆促销活动。数十万商品平均降幅超过30%。

刘强东闻战则喜，管他什么联盟战、围剿战，还是攻关战呢，统统拿下。他在他的大棋局里，拿起一颗举足轻重的棋子，重重地放下。众人一看，原来，他要像进攻当当网的图书市场一样，直捣苏宁易购的老巢，把战火直接烧到苏宁的重点市场——家电卖场。京东与海尔、海信、美的、格力、惠而浦、松下、三星、LG、伊莱克斯、索尼等家电厂家签署了总额高达800亿元的未来3年家电产品采购协议，其中大家电产品为签约重点。同时，京东打出了不定时秒杀的天天低价活动，并且有100万张优惠券免费赠送。众所周知，京东家电在整个销售额中占比并不高，他的大家电和整个家电产品分别占京东营收比重的10%和25%，京东的优势产品仍然是IT、3C数码产品。

无疑，京东的竞争策略是通过打击竞争对手的优势市场赢得竞争，这是精明的、有的放矢的。

京东把竞争当成是改善、提高用户体验，为消费者真正提供实惠、有价值的产品和服务，这样的王道精神应该赢得竞争的主动权。

随着世界科技的进步，计算机科技大潮席卷全球，互联网犹如春潮般涌来，使人们的生活更加精彩。电子商务以其便捷的方式，也如雨后春笋，迅速发展，并越来越受到人们的喜爱，短短几年，几乎就成为人们生活不可或缺的一部分了。

过去的几年里，残酷的竞争使刘强东一直处于略显疲倦而又高度兴奋的状态。

对于他来说，他正在进行一场比赛，除了新世界的互联网公司，如凡客、当当外，还有来自旧世界的“对手”，如海尔、苏宁，他们也纷纷进军电子商务。刘强东认为制胜的关键是：谁跑得快，谁的学习能力更强。

有人称：“南有淘宝，北有京东。”刘强东在三轮融资后，带领京东在强大的资金支持下，仅用短短几年的时间，就成为中国电子商务企业的佼佼者，其影响力越来越大。他正实现着他的梦想：京东购物真正成为人们生活中不可或缺的组成部分。

十年前看马云，十年后看东哥。

新一代电商之王经历了一场场惨烈的竞争，逐步成长起来。

11 奇迹是这样创造的

互联网催生了电子商务的蓬勃发展，如同海潮汹涌澎湃，迅速席卷了全球，给人们的购物带来了便捷和乐趣，也蕴含着无限的商机。时代骄子刘强东敏锐地抓住这一商机，并在电子商务领域的竞争中迅速成为具有实力的霸主，创造了中国电子商务的奇迹。

“国无德不兴，人无德不立。”

刘强东在跃马冲进电子商务领域那一刻，就厉兵秣马，下定了决心，在华夏大地上做出一番成就，他凭借着客户至上、价格战略和优质的服务，带领京东强大的团队，在电子商务领域创造了一个个奇迹，京东传奇般的高增长，让他在如歌的岁月里穿越时空的梦想，一次次赋予他新的时代生命。

刘强东在十年不盈利的情况下反而越做越大，他的核心动力仅仅是低价格和不断改进的服务，这让他从众多电商企业中脱颖而出。他是如何创造奇迹的？他是否能成为中国的“乔布斯”？他是否能够超越马云成为新一代电商之王？

刘强东之所以能够成功，除了他在商业管理上的非凡能力外，最重要的就是他有一个特别能战斗的团队。

锻造企业核心，从高层管理入手

京东的团队以其强大的凝聚力、稳固性和认同感，奠定了京东快速发展的基础，尽心尽力地为实现中国电子商务领域的梦想而奋斗。

他们是一支特别能战斗的队伍。

这支特别能战斗的团队，是刘强东精心打造的。

刘强东是一个追求卓越、勇于创新的人，电子商务企业在中国大地如雨后春笋一般蓬勃兴起，注定要诞生英雄人物。谁能在愈演愈烈的 B2C 企业竞争中脱颖而出，谁就可能成为中国的乔布斯；谁能够把电子商务企业从不盈利的情况下做强做大，谁就有可能成为中国的亚马逊。电商领域纷繁复杂，大小公司此消彼长，新的商业模式对电商企业家发出了呼唤，从实践中开拓进取，构建新商业模式理念，刘强东孜孜以求。他捕捉到了“以人为本”的思想火花，用以点燃人的主观能动性。

刘强东说：“企业的成功与失败大都是因为人，我想不到第二个因素。培训团队不是一朝一夕的事情，团队存在一天，你就要培训一天。我们就是非常简单平实的，能吃苦耐劳，愿意贡献自己的汗水和智慧的一个团队，仅此而已。”

多么朴实的语言。近十年来，京东把员工和企业的共同发展当做头等大事来抓，核心理念就是“先人后企”。

毛泽东曾说过：正确的政策和路线确定之后，干部就是决定的因素。

一个企业，领导核心的作用尤为重要。比尔·盖茨就说过，如果把微软最重要的20人拿走，微软将变得无关紧要。因此，打造一个坚强的领导核心，就显得十分必要了。早在中关村创业时，刘强东就注意培养公司高级管理人员，加强和他们的沟通，并为此制定了每天早会制度。

每天早八点，公司所有的管理人员要到会议室参加早会，研究公司一天的事务。30分钟的早会看来不算什么，但在会上解决的问题却非常重要。刘强东一般不和高管个别沟通，有事都拿到早会上解决。从公司创立至今，天天坚持早会是需要点精神和毅力的。刘强东不管前一个晚上忙到多晚，哪怕忙到第二天的凌晨2、3点钟，第二天早上8点，他一定坐到会议室里面去参加早会。除非外出参加活动。

刘强东把早会看成是与高管沟通和培养高级管理人才的重要场所。京东第四届管理培训生参加了半年早会，再换另一届培训生参加早会，这些年轻人受益匪浅。

在2008年下半年，京东受世界金融危机的影响，没有扩张人员却订单大增，全京东上下忙得不可开交，刘强东和高管们每天即便是在后半夜睡一会儿的情况下，第二天早晨也要正常开会，会议的效率特别高。

这么多年来，刘强东坚持这一制度，是因为他尝到了早会的甜头，并把它作为京东的文化和提高办事效率的方法，就这么延续了下来。在集体沟通的情况下，问题透明，又能集思广益，沟通充分，特别有利于各部门管理层互相理解，有的放矢地制定相互配合的策略。

京东的经营分析会每月一次，最大的特点就是透明。别小看这样一次例会，这决定着京东发展扩张的大事。刘强东本着一切为了公司前景这一方向，把公司的核心财务数据通报给公司的高管。高管们得知通报的公司财务情况，知道了公司赚了多少钱，亏了多少钱，公司的资金都花在什么地方，更加明确了自己的职能分工和公司的现状、困难以及自己的责任。本来，这些数据是不该统统通报给高管们的，这么机密的商业数据，有可能会泄密。刘强东是个知人善用的人，他懂得疑人不用、用人不疑的道理，他的心中可以跑马，也可以开进一列火车。事实证明，京东每月一次的例会通报，虽然透明，却没有发生过泄密的事情，相反，高管们每个月得知了这些财务数据以及对公司一个月来的经营情况的回顾、对比、分析后，都积极寻找问题，集思广益，献计献策，为京东更好地发展贡献者自己的聪明才智。

刘强东的胆略和魄力可见一斑。

刘强东在会上公布所有的财务数据，包括盈利状况、亏损情况、公司的现状和面临的困难。他的目的是要告诉员工公司的目标措施，给员工们以动力，激发大家的责任感和使命感。

这种目标清晰、责任明确的早会和经营分析会，起到了动员和培训的作用。企业的高管层看到了自己的责任，有了责任感才能更好地发挥权力的作用。

从京东的早会和经营分析会出发，刘强东不是发号施令，而是踏踏实实地带领京东的团队一起奋斗，责任也化作团队的行动。

由此可见，早会和经营分析会的坚持体现了刘强东发挥团队集体力量的价值观，营造积极企业文化氛围，便如日月经天，前行不辍，以“三军可夺帅也，匹夫不可夺志”的坚韧，独守心中的理想和责任。

刘强东曾就京东高级管理人才的管理说过这样一段话：“我觉得最好的方式是言传身教，通过自己的长期坚持，一点点传达给他们，并不是说把他们召集来，我要给他们讲课。看他们的职业生涯可以发现，很多人从事的经历，过去管理团队，可能比我还要大、还要强。所以，在这方面我并不认为我能够给他们带来什么。我们可能需要管理理论的支撑，寻求外界知识体系的支撑。内部主要通过我们共同的价值观和共同的文化，所以，我们维系了一个纽带、一个基础。”

刘强东为了给自己充电，更加适应大企业的宏观管理，在繁忙的工作之余，就读了中欧商学院 EMBA 班。他如饥似渴地学习大型企业的宏观管理知识，感觉提高很大。

2010 年，京东的规模快速扩张，京东管理层却存在着一些问题，主要是，他们基本上来自于基层，对企业的流程和细节的掌控很拿手，但对京东这么大规模的管理和更宏观的高层次的管理就有些勉为其难了。虽然京东的高层管理者们一直在努力探索，却仍然跟不上京东飞速发展的脚步。

面对这样严峻的形势，刘强东果断决定，送高管们去中欧商学院 EMBA 班学习。

从 2010 年开始，京东计划每年送三位高管去中欧商学院学习，预计用五年的时间，把京东所有的副总裁以上级别的员工培训完。

刘强东说："很多人都在感慨中国电商人才匮乏！一些传统行业同仁见面更是向我抱怨，找不到电商人才。我真不明白什么叫电商人才。今天早会看了一下我们公司高管入职前的经历，92%没做过电商，84%没有互联网从业经验！只要懂商业、懂用户就足够了。所谓电商人才只是一个传说而已！"

刘强东相信实践出人才，他要在实践中发现人才，培养人才，他的前瞻性是可以肯定的、令人钦佩的。

京东的高管们要去中欧商学院深造了！刘强东不惜重金培养人才，这一决定，对于京东的未来大有好处。

他的目光真的很远大。

送高管们去中欧商学院去学习，说起来轻松，实际做起来却不是件容易的事。

首先，每个高管的学费就高达近50万元。

其次，就是高管们学成后是否还会回来？

刘强东是个大气豪放的人，不管怎么样，要实现京东的核心理念——"先人后企"，不但要下血本，还要不怕走人。

为了培养后备力量，刘强东又做出了一个超前的决定，就是开办"京东管理培训生班"的"鹰计划"。该计划旨在每年为京东培养后备人才若干名。到2011年底，已经有五届培训生毕业奔赴各个岗位。

京东的"鹰计划"倍受各界人士关注，有人称其为"京东此举是要打造中国B2C企业的黄埔军校！"

刘强东作为私企老板，能有这样的远见卓识，真是令人钦佩。他既有创业之勇，又有保业之策，以强大的凝聚力，培育京东的后来人，实现自己的理想，他是雄踞在中国电商领域的王者。

何为“鹰计划”呢？

京东方面对此做出的解释是：“京东管理培训生”是指企业集中资源对具备高层管理潜能的年轻人进行一段较为系统、全面的训练，为其管理生涯打下良好基础的一种制度安排。管理培训生制度是企业锻造自己的中层以上管理人员的有效途径，成为管理培训生的应届毕业生们，在经过两年到三年的业务锻炼后，成长为职业经理人。发展计划涵盖了公司各部门的轮职、精心制定的培训计划、团队活动以及发展机会，并由公司优秀经理人担任辅导导师。加入京东公司，将有机会充分发挥个人的潜能，打造快速的个人职业成长通道。

从上述介绍中，我们可以看到，京东在下大力气培养一大批对企业文化高度认同、精通各岗位专业知识和技能、具备系统管理技能和实践的中高层职业经理人。如今，京东已经把管理培训生作为制度去执行了，这不能不让人眼前一亮。

京东“鹰计划”分为五个阶段：

第 1 阶段为雏鹰阶段，时间为 3 个月，目的是通过军训、拓展训练、公司及企业文化的讲解、总裁见面会、社团等活动使员工了解认识公司并融入公司。培训的形式为讲授、见习、活动。

第 2 个阶段为展翅阶段，时间为 3 个月，目的是深入所选择的部门，学习相关业务知识及流程，做一位合格的“京东人”。培训的形式是讲授、见习、活动。

第 3 阶段为搏击阶段，时间为 6 个月，目的是针对之前所学内容进行思考和优化，并能够为公司的高效运转提供相应的解决办法。培训的形式是讲授、见习、活动。

第 4 阶段为翱翔阶段，时间为 12 个月，目的是根据相应的职级纳入公司的管理培训项目体系之中，并且通过测评工具对员工的性格、管理风格进行评估，根据结果提供相关的培训服务。培训的形式是讲授、见习、咨询、活动。

第5阶段为傲翔阶段，时间为12个月，目的是通过管理类培训，管理培训生已成为公司的核心骨干员工，人力资源部将根据其个人职业发展需求提供相应的培训支持。培训的形式是讲授、见习、活动。

刘强东为了京东大业而培养新人可谓煞费苦心，他把培养京东新人作为实现梦想的重大举措来抓。在选择“雏鹰”的标准上，刘强东给公司管理培训招聘委员会的五位副总裁确定了原则：价值观和能力。按照这个原则去寻找“雏鹰”，选优拔萃，从涉世未深的“雏鹰”开始打造，精心培养。

京东每年都要在刚刚迈出校门的大学生里选拔几十个管理培训生，先是送到部队去军训，培养新人坚强的意志；18天后，由公司高层带领着参加公司实践，前半年，不担任任何工作，并不断轮岗，在京东每个部门、每个岗位都要干一段，并给他们授课，从企业文化到专业知识，从理论到实践，循环渐进，慢慢渗透。在培训中，公司高管授课，外聘教师授课，刘强东本人也亲自授课，他在授课中不仅讲专业知识、企业文化，甚至连一个人最基本的如何吃饭、走路、敬酒等常识性的东西都会讲到。更重要的，刘强东会把京东公司的“诚信、客户为先、激情超越、学习、团队精神、杜绝浪费”等价值观灌输给培训生们。在能力培训方面，培训生要通过各种测试文件、现场提问等，判断其反应的灵敏度，并经过三次笔试、面试和复试。经过选拔，脱颖而出的都是各个高校的高材生。

2001年，京东公司招聘了100个管培生，进行了第五届鹰培训。

对京东培训成功的每一只傲翔的雄鹰，刘强东都会倍加爱护，不仅年薪10万，而且，工作第一年就给股份，这些条件比许多跨国公司都优越。他说："要让员工真正把企业当成家，抛弃一切私心杂念，兢兢业业地工作、学习，就必须解决他的基本生存问题，如果还要为租房子和吃饭的问题发愁，甚至四处借钱，是很难全身心投入工作的。"

京东的"鹰计划"培训及其给培训生的待遇，使进入京东工作的人才可以毫无后顾之忧地去实现自我价值。

刘强东要为京东培养的是理想坚定、忠于使命的人，对工作尽职尽责，还有高尚的国家情怀和积极的职业担当。

刘强东在培养京东新人的过程中，除了实施"鹰计划"的培训外，还言传身教。在京东，你可以看到这样的景致：只要刘强东在北京，每天中午吃饭，他身边都会有不同的管培生陪着，晚上出去散步、游泳，也会有管培生陪着。他不是在耍大牌，而是利用一切时间，和管培生一对一交流，这些管培生都是聪明人，通过跟他一起生活，学到了他的思维方式，这正是刘强东所希望的。他一向认为，一个人的思维方式很重要，是学习的重点，而不是具体的做事方法。

京东"鹰计划"培训管培生不仅仅是让这些年轻的大学生学到专业知识，更重要的是通过培训，提升他们的品德，放飞理想。培训也真的达到了这一目的。第四届管培生宋志瑞在培训后写到：一年前，作为一个初入职场的新人，怀揣着满兜的理想，踏入了京东，为成为一个合格的京东人努力着；一年后我迅速成长着，付出着，我更加踌躇满志，信心百倍。我要大声说：在这里大胆地放飞自己的梦想，释放自己，专注、激情，不断地超越，你可以做到的！

京东给了他们放飞梦想的土壤和家园。

京东“鹰计划”的培训，点燃了管培生们激情的火焰。他们很庆幸来到京东，他们更庆幸能在刘强东的直接教育指导下走进职场，让青春之花迸发馥郁的清香。第五届管培生陈智说：“每一个天之骄子入职场以后，都是在同样的起跑线上，一切清零，不再有谁比谁优越，即便这种心态并不能一开始就消失，但是抱着一颗平常心却是成长必备的条件，这里，牵涉了每个人的自我定位问题。记得在军训介绍的笔试考核中，我对自己未来规划有几个需要强调的方面：杜绝眼高手低、关注细节、踏实、虚心、好问、自我激励。因为，在一切都是未知数的未来，只有让自己做到了这几个方面，我才能够看到自己的成长，看到自己的转变。我对自己的定位是，用3—5年的时间，成为一个了解电子商务的各个环节，并对其中某一个环节有深入研究的京东人。”

有个叫司思的管培生，参加了第五届管培生的培训后，认识有了一个飞跃，他描述了培训的收获，让我们看到京东的“鹰计划”对培养人才是多么的必要！“鹰计划”树立了京东的新人“博学之，审问之，慎思之，明辨之，笃行之”的习惯，把他们从“两耳不闻窗外事”的书生，变为“发愤忘食，乐以忘忧”的有志之士。他们是走出管培课堂、直冲蓝天搏击风雨的时代骄子。司思说：“培训是从每次入学都要经历的军训开始，通过期间的课程安排让我们对公司的整体架构及其企业文化等有个熟悉的过程，然后，逐一展开重点部门轮岗，这四个多月的培训流程走下来，不仅能使我们有一个身份转变的过渡期，而且，对之后的定岗工作也会更加慎重准确地选择。一开始，大家都不太理解为何入职上班了还要像学生时代一样军训。我想现在军训结束之后，应该明白了吧。军训，我们学到的不仅仅是军姿、齐步走、正步走、跑步走、稍息立正等，我们更多的是学到团队意识与合作精神，以及最珍贵的友谊。军训的这段时间，我们从陌生走向了熟悉，由个体变成了一个团队。我们一起吃住，一起训练，集思广益排练节目，一起去坝上草原拓展训练，其中不乏辛苦，也不少快乐，共同坚持、共同努力、共同奋斗，这不正是我们在职场人生搏击中所需要的吗？”

京东的“鹰计划”培养出了一大批羽翼丰满、意志坚定的新人，这是一项多么伟大的工程。刘强东除了管理22人外，还要带领100多位管理培训生，算起来，他花在管培生上的时间远远超过几个副总裁。他的人格魅力让他德馨飘远，正如司马迁顿笔发出“高山仰止”的千古一叹。

京东管培生制度实施以来，为公司培养了大量人才，他们在不同的岗位上做出巨大贡献。

为了京东人迅速成长，在管培生的培训过程中，刘强东和京东都投入了大量的时间、精力和物力。令人欣喜的是，这些管培生不负众望，没有辜负刘强东的希望。截止目前，京东的管培生无一人离开京东，他们中工作满三年的，即使在其他公司高出两三倍的薪水的诱惑下，仍然选择京东。他们把在京东学到的管理知识、专业知识，都毫无保留地奉献给京东大业。

2010年，京东第五届管培生学习毕业，刘强东欣喜地说：“这些学生，从过去培养五年的经验来看，他们的成长速度的确都很快，刚刚来可能真的是一无是处，但是所有在京东能工作满三年的管培生，他们现在给公司带来的价值，真的是无可估量。管理培训生，目标就是把他培养成管理人员，绝对不只是一个优秀员工。”

这些热血青年热爱京东，真正把京东当成了实现抱负和理想的家园，勤耕细作，不断成长。“鹰计划”的管理培训，调动着管培生的信心和勇气，让他们坚守梦想的绿洲并努力扩而展之，让他们忘记尘世喧嚣，忘记岁月的无情，只留有年轻的纯净和梦想。大家一起：“会挽雕弓如满月，西北望，射天狼。”在管培的摇篮里淬火、放大、整合，汲取企业管理知识、苦修与沉淀！

有人问刘强东，你培训了这么多人才，不怕被人挖走吗？京东有什么魔力留住这些热血青年？

刘强东自信地微笑，他说：“我们给的现金工资可能比别人少，但是这些人会得到期权，综合数不低。另外，最重要的，这些新毕业的大学生，前五年八年，对他来说，薪水绝对不是最主要的，他觉得在京东每年的成长速度远远超过他的同学，超过他的同龄人，他看到了自己的成长。无数管培生对我说，刘总，你就是不给我钱，我也愿意跟你干五年，家里可以养活我，在北京待五年没有问题。”

京东的“鹰计划”管理培训别具一格，像一条深邃的河流汩汩地流淌，泛起足以照亮京东前景的波光，又像一场适时春雨，润物无声，绝对是中国电商首创！

通过这件事，我们可以看到刘强东的王者风范！他不拘一格选拔人才，便如日月经天，前行不辍。

中国 B2C 电子商务的“黄浦军校”名符其实！

有了人才的支撑，京东就像一座人文精神的高山，屹立在中国 B2C 电商历史如铁的长风中。

近几年，京东不断有高管人员加盟。2011 年 8 月，百度原高级副总裁沈皓瑜加盟京东担任 COO，他擅长上市公司营销系统管理及信用支付管理；年底，凡客诚品原副总裁吴声加盟京东，负责营销、公关和政府关系；而后，陆续有高级管理人才进入京东总部担任高管：宏碁中国大客户部原负责人蓝烨加盟京东任 CMO，负责采购工作；甲骨文公司原全球副总裁王亚卿出任首任 CTO，负责京东信息系统建设；京东原常务副总裁陈生强出任集团首任 CFO。

刘强东在喜迎不同背景的高管人员加盟京东的同时，也深深地忧虑过：如何使他们尽快地融入京东？其实，刘强东早有准备。他引进的高管人才，都是在价值观和生活态度、事业态度上相近的人，夸夸其谈，说谎的人，他是不喜欢的。尤为让他看重的是那些从基层做起来的高管，如果能吃苦耐劳，他就会更加喜欢和认可。他在这些人进京东前都要认真地加以考核，他和助理、京东的人力资源部副总裁关有民与加盟的高管进行坦诚沟通，将京东面临的困难、存在的问题、压力统统说清楚，选择接受者加盟京东，并将京东的文化、理念、价值观灌输给他们。然后，京东人力资源部的培训更加系统化地将京东的文化、理念、价值观灌输给他们，并通过磨合，把他们打造成符合京东原则的“京东人”。

管理专家旦恩·皮阿特说：“能用他人智慧去完成自己工作的人是伟大的。”

刘强东就是这样高明而伟大的管理者。随着京东规模越来越大，公司事务也就越来越多，如果全靠刘强东事无巨细地操心，恐怕即便累死也不一定完成。刘强东不断加强公司高管的管理，按照通用电器公司总裁杰克·韦尔奇的说法：“管理就是把复杂的问题简单化，混乱的事情规划化。”

刘强东懂得，一个合格的企业领导人不是在发号施令，而是在带领整个团队一起奋斗，领导人手中的权力必须受责任感的约束。当然，责任感不是停留在口头上，而是化作集体的行动。他把言传身教作为德行与智慧去实施。

前面说过，京东有早会的传统；而公司许多新加盟的高管却没有这样的习惯，一开始经常有人迟到。刘强东从不批评他们，每天早8点准时坐在会议室里，等大家来开早会，一个月后，所有的高管都和刘强东一样准时参加早会。他用实际行动告诉大家应该做什么，这比他提出任何要求都管用。他对高管们说：“你们要是实在前一天工作太晚的话，第二天晚来点没关系。”实际上呢，高管们不论头一天工作多晚，第二天早会都不会迟到，更不会不来。

比如，从快递业过来的张立民有自己的经验方法和管理体系，他过去关注运营的质量和时限，认为服务水平就体现在能不能按时保质地送到。但京东更强调“客户体验”，这种体验不仅是物流，更是营销。张立民认识到应该弱化从公司立场出发的“送货”概念，强化从客户角度出发的“签收”概念：“不是我们送好就行，主要是让用户收好。”

张立民认为自己思想范式的转变是在刘强东的指点下完成的。京东规定配送员按照订单数量提成。有一次，公司发生了“三同订单”事件，即，配送员为了多拿提成，就让客户把多个物品的订单拆成几个订单，也就出现了同一地区的同一客户下的同一批次的“三同订单”。当时，张立民并不认为这是很大的问题，因为比例并不大，也有一些是客户自己的选择。但刘强东非常生气，认为这是不为客户考虑，对京东形象有很大损害。刘强东为此事把张立民批评得很是下不来台。

刘强东坚持要求下属做到的，自己首先要做到。随着京东做大，刘强东将一个十几人的团队发展成几万人的大公司，追求的就是这种润物细无声的改变。他说：“就像京东的首页每个月都有改变，但一般看不出来，一年后再来对比才能感觉到完全不一样。这也是我对自己的要求，不能让所有人突然觉得老刘变成了另一个刘总。”像孙加明这样跟随 10 年的旧部能清楚感到刘强东的变化，比如年轻时的急性子稍有缓和，也没有以前那么严肃了，甚至开始强调早会自己每天要露 8 颗牙，用微笑给大家一个好的气氛。

京东发展的每一个关键时期，都会有新战略规划，刘强东在构思和实施这些新的战略规划时，就会遇到许多问题，公司内部及行业的争论，激烈而持久。比如，2005 年关闭实体店，2008 年上线百货，还有 2009 年自建物流体系等，他的战略思想超前、大胆，公司内部和投资人都不理解。这个时候，作为企业最高管理者，他会力排众议，坚持自己的想法，而不是取悦哪个人，即使是多数人反对，他也要坚持。在得到董事会通过后，他会积极地去实施。京东发展至今，证明了他的每一次战略决策都是正确的、具有前瞻性的。

2009 年开始，C 轮投资人进入京东董事会，刘强东和京东团队在战略上下功夫、花力气，他把原来一年开一次的“闭门战略会议”改为一年几次。有时，会期还会长达两三天。

为了适应京东飞速发展的形势，京东在2010年开始招聘专门的战略规划人才，做出了厚达900多页的京东《风起2015年》规划书。规划书提出，京东要在第二个五年计划里，成为国内体验最好的电子商务公司；在第三个五年计划期内，京东将打造一条强大的供应链，形成健康的购物生态链，并实现京东交易额超过千亿元。

所有这些做法，让京东的高级管理者们看到了京东的希望和前景，凝聚了强大的力量。

刘强东作为优秀的领导者，在战略方面专制，在执行方面却民主、放权。

授权的成功与否，从大的方面来讲，决定着企业的兴衰成败；从小的方面来讲，影响工作的开展。因此，授权必不可少，授权势在必行。知名国际战略管理顾问林正大说："通俗地说，授权就像放风筝，部属能力弱线就要收一收，部属能力强线就要放一放。"

一个成功领导人是否懂得授权，是衡量其素质和能力以及胸怀等综合形象的标准。刘强东在经营京东的实践中，感受到授权并信任才是有效的授权之道。成功的企业领导不仅是授权的高手，更是控权的高手。

2012年的时候，京东有员工两万多人，刘强东直接管理的只有二十几个人，即，十几个副总，六大区经理、助理和监察。除了每天的早会，他很少和高管们交流。他只是理顺方向，其他的充分授权。他认为，就其专业而言，高管们的业务能力都比自己强。刘强东去美国一周，只接了来自公司的五个电话。他相信，公司每一个部门的管理者，都会把本部门打理得非常好。还有一个例子，可以说明刘强东的授权是多么彻底。2011 年，公司采购支出 200 多亿元，所有发票都由负责采购的副总裁签字，并不需要向刘强东汇报，财务也不需要刘强东批准再给采购拨经费。

刘强东对于放权管理有自己独特的做法，放权不等于放任，不跟高管们个别沟通不等于不沟通。相对于一对一的沟通而言，他更愿意集体沟通，大家敞开心扉谈公司现状。每当这个时候，刘强东忽闪着那双充满了智慧的大眼睛，望着每个人，认真听着大家的议论。当他听到谁有好的建议，眼睛里就跳跃着一小团金红色的火焰。

刘强东的授权基于他和他的高管们有着共同的价值观。高管们来自不同企业，有着不同的经历，但不论是以前做传统零售业，还是互联网电子商务的，或者来自机械部门、IT 部门的、京东自己的管培生，通过和刘强东一起打拼，都在京东这块火热的“土地”上找到了共同的价值观。

京东公司的大门朝着有共同生活理念的人开放。刘强东在和新来的高管谈话时，就把公司现状、困难和压力明明白白地告诉他们，让他们有充分的思想准备。刘强东在他们来公司时作充分沟通，使新员工的期望和现实很好地衔接，便于融洽关系。刘强东说：“来之前我会告诉他，你来京东公司可能会面临什么困难，而且工作压力会比较大，过去，你可能在惠普、在 IBM 这些相对来讲比较成熟的公司，你上面有明确的体系，会告诉你该做什么，你每天做了之后就 OK 了。来了京东之后，没有人告诉你做什么，我就给你个授权，告诉你每一笔支出你能签多少钱，你的人事权是多大，财务权是多大，之后，给你的部门提一个目标，你达成目标一切 OK。你达成目标的过程中，没有人告诉你该怎么做才能达到这个目标。所以，你自己要做战略，自己来定策略，自己去带团队，自己去往前冲，去冲锋陷阵，直到达到这个目标为止。”

刘强东在选公司高管时，先看对方的能力是不是与公司所需职位相匹配，而且，他不喜欢说得多做得少、夸夸其谈的人。他希望他的高层管理者具备实战能力，没有从业经验，哪怕是博士生，京东也不会考虑。京东的高管一定要有在中国企业工作的经验，刘强东基本不考虑在国外工作的人。当然，最重要的是人品和德行。

如今，京东高管都保持24小时开机的习惯，这是因为以前刘强东经常半夜想起某件事，会随时打电话问安排了没有。

刘强东给了高管们相应的权力后，就放心地让他们发挥自己的聪明才智，在自己的一亩三分地耕耘。刘强东给他们足够的发挥空间，绝不指手画脚，影响高管们的工作，这让对方感受到了信任，几乎不会发生上下级之间的矛盾。

列宁曾说过：“信任固然好，监控更重要。”刘强东在管理高管们的问题上极其清醒，他懂得成功的企业领导不仅是授权高手，更是控权的高手。充分授权，能够推动团队的积极性和创造性。

说起来容易，做起来难。权力如何放，放多少？这里也有个度的问题。既不能放权过度，导致权利下滑，领导者被架空，又不能过于集权。试想，领导者事事亲力亲为，自己陷入繁杂事务不说，也不利于调动高管们的积极性。刘强东是如何处理授权风险的呢？

首先，充分信任被授权者。用人不疑，疑人不用；授权的同时，明确授权人的权利、责任和义务。要给被授权人制定清晰的奋斗目标，被授权人必须向授权人提交施政计划和方案；授权不等于不控权。授权后，必须有相应的监督制度，进行有效地监督，避免权利滥用。

因此，京东制定了一系列赏罚分明的制度，其中，就有对高管们的赏罚制度。这些制度对事不对人，预防和教化为主，处罚为辅。

能用他人智慧去完成自己工作的人是伟大的。几年来，京东的用人管理模式所带来的积极意义是有目共睹的。京东人已经接受了这种授权文化。要让这一文化尽善尽美，还需要京东人不断努力。

时光荏苒，转眼到了2011年。这一年，京东的总部已经发展为14个部门、6个大区、一个监察审计部门，总共有22名高管(含1名助理)，由刘强东直接负责。新形势下，刘强东对京东的管理进行了深入细致地研究，形成了一套独具特色的管理方法，这套管理方法，是他胸襟开阔、俊朗豁达的人格定位——给高管们充分授权。

刘强东是一个知人善用的人，他充分相信高管们的专业管理能力，无需他去操心具体事务。比如，京东一年有数百亿的采购额度，这是关系到公司生存发展的大事，应该说，是京东的命脉。刘强东对公司所有的采购合同和金额，全部放权给负责采购的京东副总裁，他们完全可以自行决定，刘强东无需过问。有人说，刘强东胆子太大了，这么重要的事情都交给主管去办，办好当然好，一旦出现问题，京东怎么办？刘强东听了，一笑了之。在他如海宽阔、如山挺拔的心里，装着京东所有大事的决策，用人不疑，疑人不用，海纳百川，才能有所作为。他的信任，让高管们感到非常温暖，并倍受感染。士为知己者用，他们以京东为家，在各个岗位上恪守职责，尽其所能，努力工作，把京东的生意做得风生水起。哪怕刘强东出差在外，他们也会尽职，外出的刘强东不会被高管频繁的电话所骚扰。

刘强东一直坚持在京东内部充分放权，这已经成为京东的文化。新来京东的高管两三个星期见不到他，心有不解，莫非自己的部门不受重视？而刘强东有自己的想法，面试的时候，京东已经把公司的第一、第二个五年战略规划详细地讲给高管们了，新加盟的高管应该做什么，不需要再耳提面命了。时间久了，高管们终于明白了他的良苦用心，一头扎进工作里去了。

时光如梭，到了2013年，京东已经拥有3万多名员工，实现年交易额1100亿元。京东的经营理念也随之改变，从早期的一味关注增长和市场份额，转向稳健、高效、盈利等有助于长期健康的指标，控制风险成为首要任务。其他有助于京东完成这种转型的力量还包括京东的市场份额已经足够大，这足以让它赢得资本和生态中其他各方的重视。就是说，随着各方的参与，现在的京东想死都难。在过去两年中，虽然人员进进出出，但京东总算初步建成了一个包括COO、CMO、CFO、CSO、CTO、CHO的高层分权结构。

刘强东这次放权更加彻底，他经常暂时性的“自我放逐”，放手让他的高管们去管理，决不干预。他把自己的关注点集中在员工和客户成长上——这两者也正是马云建立自己精神领袖地位的核心支柱。

事实证明，刘强东的放权策略是高明的，他的种种构思体现了他的美好愿望，同时鼓舞了士气，凝聚了人心，为京东的发展奠定了坚实的基础。在他和高管们的共同努力下，京东为中国的电商事业做出了巨大贡献。

刘强东之所以敢于放权管理京东，还有个“杀手锏”在支撑着他独特的管理方式。

俗话说：“没有规矩不成方圆。”刘强东充分放权的背后，还有360度的监督考核制度做后盾。京东各部门的管理层，每个季度都必须接受来自上级、平级和下级的360度监督考核。这些考核数据会记录存档，并与业绩挂钩，作为公司考评高管工作能力的基础，最终决定高管们的晋升和奖励。刘强东个人也必须接受这种考评。

京东每个季度坚持360度考评，这就需要不同层次的员工每人写十几份甚至几百份考评报告，有人提出，这么费时费力，不值得。刘强东坚持自己的做法，他告诉大家，他不但要自评，还要聘请第三方人力资源公司，帮助改进公司的考评，以适应不同时期公司的考评。只有监督机制健全了，公司才能发展。

孟子曾说：“故天将降大任于斯人也，必先苦其志，劳其筋骨……”由此可见，两千多年前，孟子就总结出了中国式的人才成长的真谛。这种考核制度给京东高管的压力是非常大的，大家只有努力工作，才能和京东一起进步。刘强东和他的京东既制定了切实可行的制度，又有监督机制在制约制度的执行，这给京东带来的是高速发展。京东的经验值得所有的企业学习。

除了坚持360度考核，刘强东还严格要求高管们，在京东没有人敢挑战他的权威。在京东内部，一直流传着这样一个段子：某副总怕迟到被罚，让他的秘书帮忙打卡，这件事被刘强东知道后，那位副总立即被开除了。京东的严格管理和刘强东的严格要求由此可见一斑。

在这种管理模式和机制下，刘强东本人也在接受制度的约束和监督。他通过监督机制，改变了自己原有的急脾气，遇有不满，不再当众发脾气了。不论多么失落，他都保持着微笑，公司的气氛也由此活跃、轻松。

刘强东在管理京东的实践中，摸索出了一套适合公司发展的管理方式，这套管理方式反过来又促进了公司大踏步地前进。而他本人可以通过放权、集体沟通和严格的考评，从繁杂的事务中脱身出来，进行战略思考。而这又是基于他的亲临一线的经验，是他天天在网上看留言，体会客户要求和市场信息得来的。

他战略思考的棋局不会失误，他会让每个棋子都能成为电商残酷竞争中取胜的马前卒，并指导着京东跃马扬鞭，一路飞奔。

京东有一支特别能战斗的团队

配送员是京东与客户直接接触的窗口，配送员的素质高不高，直接影响着京东的整体形象。无疑，配送员已经是京东“特别能战斗团队”的一支有生力量。他们很辛苦，也很努力，堪称吃苦耐劳的典范。

刘强东称配送员为“京东最后一公里”。

京东在抓团队建设时，非常重视配送员的素质培训，并把配送站站长的管理作为重点。

为了实现“京东神话”，落实京东特有的企业文化精神，京东特别注重员工的培训。从 2008 年下半年，京东就开始搭建培训体系，并由人力资源部门的员工负责。京东还办了内刊《京东人》，改版内网“员工论坛”。刘强东亲自担任公司的首席文化官、第一任金牌讲师，他身先士卒宣传公司的理念、文化与价值导向。

2010 年初，根据公司所面临的形势和需要，京东把培训部门从人力资源部划分出来，单独成立部门，独立运作，其主要工作有外聘专业人士、进行团队组建、负责人员配置以及智能划分构架等。当时，京东已有近 400 名内训师，由京东基层优秀员工、基层主管、高阶经理、副总监、副总裁组成。培训体系框架包括：企业文化、入职拓展、职业化培训、业务进阶、管理进阶、领导力、执行力等共 7 个体系。京东培训部承担着从基础员工培训到管理人员的领导能力、执行能力、执行力培训等所有课程，培训课件由集团总部的培训师负责开发。

由此可见，刘强东是多么重视员工的培训。

从 2009 年初到 2012 年初，京东员工数量由 2100 人发展到 2 万多人，规模扩大了 10 倍，京东的培训工作重而又重。为了适应公司的快速发展，京东也在不断加大培训上的人力物力投入，培训的力度不断加大。京东先行搭建了“急用先行”的培训体系，开展配送主管的培训，提升客服“橙色风暴”，为新进员工提供入职、企业文化、基础业务知识的培训等。

刘强东在培训人才上舍得下血本，他常常把高管们送进大学去进修，力图把他们培养为现代化的管理人才。2010 年京东就耗资 6000 万元把公司的中高级管理人才送到北大、清华、人大、中欧等一些大学攻读 EMBA 课程。

除此之外，刘强东还注意解决内部人员的升迁问题。他给人力资源部下达指令，要求通过培训，京东至少 50% 的管理人员应该从内部产生，从而化解京东内部潜在的人事冲突。

京东通过培训，把京东文化和价值观融入员工的血液里，塑造特别能战斗的团队，使京东管理再上一个新台阶。

目前，京东在北京、上海、广州、成都和武汉设立了华北、华东、华南、西南、华中分公司，并建成了自己的服务、物流系统，建立了6个一级物流中心、12个二级物流中心。在未来五年间，京东计划要在全国建10个一级物流中心、80个二级物流中心、2500到3000个配送站。

京东的万千产品，最后都集中到每个配送站。配送站是京东的最基层组织，而配送员则是京东与客户直接对接的窗口，是京东的最后一公里。配送员是否尽职尽责，有没有敬业精神，对京东至关重要。对配送员的招聘、培训、管理和考核，成了京东团队管理最重要的一环。

京东的所有配送员都是跟京东直接签合同的员工，京东给他们缴纳“四险一金”。

京东的配送员是非常辛苦的。就拿北京的一个一级物流中心来说，客户下单后，配送员就到物流仓库取货，打包后，配送到离消费者最近的配送站，50多个配送站，每个站有十几个配送员，货物到达后，再由站长分配给配送员送给客户。

京东公司有着先进的信息系统，每个配送员都佩带着RF设备，接受配送指令，完成一个指令会自动接收另一个指令，配送员也就在指令的指挥下，有条不紊地完成配送任务。配送员工作的好坏也有信息系统记录在案：配送员到哪里去取货，取了多少，取得对不对，都有信息系统控制，配送员操作的每一个动作，都通过扫条码传入信息系统。

京东对配送员的管理，除了依靠信息系统的记录外，主要是依靠配送站的站长。

京东的所有配送站都离京东总部很远，有的甚至远至千里万里的，所以，站长就成了完成最后一公里最关键的人物。站长工作能力强，给力，配送站的工作就没问题，反之，站里的工作就会出现问题。

京东公司从最基层的配送站抓起，从站长抓起，不断夯实京东大厦的基础。这方面，京东做了哪些工作呢？

首先是抓好站长的选拔和培训。京东规定，所有的站长必须是在京东工作满一年以上的优秀配送员，在提拔为站长前，要先做半年的站长助理，站长在上岗前，还要经过三个月的站长培训。上岗后，还有三个月的考核期，考核不过关，要再换合适的人选，直到考核过关为止。这样，一名员工要通过层层选拔、淘汰和培训，才能成为站长。

其次，给予站长优厚的薪水待遇。每一个站长，月工资8000元，并且为他们缴纳“四险一金”。当他们在京东工作三年后，还可以回老家，自己开配送公司，然后承包京东的配送任务。从员工成为京东的合作伙伴，收入增加，还可以与父母一起生活，这对很多人来说都是极具诱惑力的。

再次，对于优秀站长，京东还会给他们一些公司的股份，等京东上市时，他们手中的原始股能让他们身价暴增。

京东如此重视配送站的站长，给他们最好的待遇，就连回家赡养父母的事都为他们想到了，这让员工们有了归属感，把京东当成了自己的家，他们在这块热土上奉献着青春，肯吃苦耐劳，兢兢业业地工作，快快乐乐地生活，每个人都希望在京东干一辈子。站长们纷纷找到刘强东，表明心迹，希望在京东的工作是他们的最后一份职业。

站长们的积极性调动起来了，配送员的管理就好办了。配送员被刘强东称为“京东最后一公里”，这足以说明配送员的重要了。配送员是京东的最基层员工，是直接和客户打交道的人，是京东的窗口和形象，这部分员工比较能吃苦，但是几乎没有读过大学，文化水平比较低。这部分人的工作好不好，直接影响着京东的效益和形象，他们是京东比较重要的员工。如何能够让他们微笑服务、尽职尽责呢？

2012 年，京东招聘了 12000 名配送员，京东对他们进行了严格的培训，并且构建了非常先进的监控系统。

刘强东说：“这恰恰也是国内大部分快递公司做不好的原因，确实很难。但至少从我们现在的数字来看，我们京东自有的配送，占我们 70% 的配送量，可是 30% 的第三方配送量收到的投诉是我们的 12 倍。所以这个数字说明，我们自己的配送还是很不错的。”

那么，京东公司做了哪些工作调动了配送员的积极性呢？

针对配送员整体文化素质不高的状况，上岗前，公司对他们进行严格培训，树立客户第一、微笑服务的理念，充分重视配送工作。

通过信息系统，融入竞争因素，严格管理，出现新气象。配送员上岗后，一切行动都控制在信息系统中，通过网友讨论、投诉系统、论坛监控，甚至用户的直接投诉等手段，来分析用户对配送员工作的评价。京东规定每周给配送员出一次报表，具体到配送员的工作分析，出现问题一目了然。京东规定：配送员连续两次被用户投诉就要被开除。这项规定提高了配送员的责任感。

京东在严格管理配送员的同时，给予他们优厚的待遇和晋升的机会。配送员上岗后，每月平均工资就是近 4000 元，老员工则 5000 元、6000 元，甚至 7000 元。一年后，就有机会晋升为站长。

京东的这些措施，调动了配送员的主观能动性，使他们懂得了自己岗位的重要性，也知道这份工作足够他们养家糊口。所以，他们都努力做好每一个订单的配送任务。

刘强东每年都要请配送站的配送员吃饭，来加强沟通。他基本上是突然来到某个配送站，查看配送工作，然后请配送员吃顿饭。他的亲和力让配送员们很感动，一开始虽然有些拘谨，但很快就能无话不谈。

说到这里，让人想起了刘强东和早年一起艰苦创业的老员工之间的感情，这值得写上一笔。刘强东在繁忙的工作之余，每周总有三四次叫上员工一起吃饭，并渐渐形成了内部聚餐的惯例。到现在，京东高管还会定期聚餐，刘强东也尽量不定期和普通员工聚餐。但与员工聚餐的习惯越来越难坚持下去，毕竟京东已是 3 万多名员工的大公司。刘强东不可能跟每个员工都去吃饭、联络感情了。

如今，京东北京物流配送的每名配送员平均每日配送 70 个订单，最多的时候高达 120 个订单。他们都能够尽职尽责地完成任务。

都说京东的员工特别能战斗，然而，在 2008 年金融危机时，京东却发生爆仓。刘强东说："当时仓库管理员的腿都跑细了，整个京东的人都在加班加点，不论上下。"刘强东和高管们更是深夜才能睡一会儿，早起又投入工作。刘强东本人身先士卒，也是坚持加班加点，没有大周末，不能陪家人。他说："对我个人来讲非常痛苦。"

有人羡慕刘强东，说："你到底有什么魔力，能让你的员工加班加点工作？都是刚毕业的年轻人，到底发多少工资才能让他们拼命干活？为什么我让员工加班，他们就要加班费，承担的责任、压力大一点就全跑了。”

刘强东说：“那么，我问你，你有和这些同事分享财富吗？你说我是创业者，没有太多的财富分享？是，我们没有太多的财富，但是，我们有股权，既然希望你的同事帮你、支持你，对你不抛弃、不放弃，你就必须让你的同事真正成为公司的创业者之一。”

从这个例子不难看出京东调动员工积极性的秘密了：刘强东在整个创业过程中，和自己的团队同甘共苦，一起承担压力，一起分担责任，一起分享信念，一起分享财富。至2011年底，京东送给优秀员工的股份已经超过了刘强东个人股份的70%。

正因为刘强东把京东的股份拿出来和员工们分享，京东公司的战斗力才大大增强，什么竞争都不在话下。

还有一个例子值得一提，就是刘强东对公司员工的关注。2013年1月9日，刘强东在京东年会上说了这样一番话，对辛苦了一年的员工，应该是巨大的鼓舞和鞭策。他说：“在京东的第二个十年，我对自己只有一个考核目标，那就是对人的关注，对京东人的关注。第二个十年，我希望看到有更多的‘京东宝宝’出生，希望我们的‘京东宝宝’可以快乐成长，享受良好的教育。在第二个十年，我希望看到京东人的父母在生活质量上能得到很大改善。在京东，我们多数员工来自于农村，我本人也来自于农村，我们的父母都很辛苦，劳累忙碌一生，但是很多到今天为止都没有过上安宁的生活，我希望在第二个十年，可以看到京东人的父母们能够获得更多的健康、关爱和人生享受。”

刘强东是这样说的，也是这样做的，他对员工的关爱有目共睹。这种关爱不仅调动了员工的积极性，也解释了京东的员工为何能加班加点拼命干。他在关心员工的基础上，开始关心他们的家人，从孩子到老人，他是个多么体贴员工的老板。他已经把企业做到了极致。有这样的企业带头人，员工能不卖力工作吗？

2014年春节期间，京东推出“马年春节不打烊”活动，为此，有数万名员工在春节期间继续工作。京东公司整个供应链上的员工春节“不放假”，这可苦了漂泊异乡在京东打工的员工，他们又一次失去了与家人团聚的机会。

一边是用户的需求要求京东员工留下来继续工作，一边是员工迫切需要回家过年，与家人团聚。面对这样一个终将难以两全的现实，刘强东公开宣布：“为了更多家庭过得更好，我们有数万兄弟在节日期间要为客户服务。但是，我们不能忘了我们的孩子，他们思念亲人的痛苦无比巨大。因此，全国所有春节期间加班的同事，凡是有孩子的同事，按照每个孩子3000元给予补贴，要求同事们把孩子接到身边共度佳节。如果个别同事离家太远，费用不够，超出部分，实报实销。离家近的，多余费用不用退还。没有孩子的同事，每人至少补贴1000元加班费。有的人会说同样加班，对没有孩子的同事不公平。那就祝愿这些同事们早日喜结良缘，早生贵子吧。”

曾因看望留守儿童而落泪的刘强东还表示：“我知道，这要增加几千万元的费用，我也知道各部门都有预算压力，那就让我们杜绝浪费和腐败，把这笔钱节约出来。为了我们的孩子们！在此，我也要求人力资源部门加快合作建校项目，尽早解决京东内部留守儿童问题。”

刘强东的这一决定，对前来打工的员工是个巨大的鼓舞，他们在马年春节不顾个人的天伦之乐，加班加点，努力工作，保证了京东的用户在节日期间正常收到所购买的产品。

奔跑中的阿甘

京东如同一匹黑色的骏马，自从2004年1月闯入电子商务领域以来，跃马扬鞭，飞速奔驰，每年保持300%的高增长速度，创造了中国B2C电子商务企业的奇迹，成为中国B2C电子商务企业的佼佼者。一时间，赞叹的、质疑的声音不绝于耳。成为电商大佬的刘强东在喝彩和质疑声中，稳如泰山。他说：“无论是赞叹也好，质疑也罢，这都是成长中的正常声音。其实，我们是在奔跑中的阿甘，我们一直在向着目标永不停歇地跑下去，对周围人的声音我们并不在意。”

京东作为电子商务企业，为什么发展如此迅速？取得如此骄人的业绩，究竟有什么高招妙计呢？

这个问题，刘强东是怎么看的呢？他说：“京东北京每名配送员平均每日配送70个订单，最多的时候，可以高达120个订单。一个助力车的出行就减少了至少70人次的传统购物交通出行，如果北京社会零售总额的10%在网上完成，就可以每天减少近70万人次的购物出行，已经可以缓解城市交通压力了，电子商务的价值确实是多方面的，但是，我认为电子商务最核心的价值是其成本和效率，这是从客户和产业角度来看的。”

刘强东的这番话，回答了电子商务的核心价值是什么的问题。

在京东，低成本和高效率是一对密不可分的孪生兄弟，刘强东一直以来所想的是在给消费者带来低价的同时，让品牌商获取合理利润，从而促进整个产业的良性发展，给产业链带来价值。他像一个围棋高手，在追求高速度的同时，布局好所有棋子。他认为："低成本可以为客户创造价值，拥有更低的成本就意味着有能力大幅度降低销售价格，为消费者省钱是最为实实在在的。"当然，低成本也可以为品牌商带来价值，而传统的零售渠道，品牌商都是怨声载道，国内的家电厂商的财务报表，其毛利极低，平均行业净利润不足一个点。巨额的运营成本最终由品牌商和消费者共同买单了！品牌商因利润不足，无法对研发和生产进行足额投资，无法为消费者开发更多更好的产品，这就容易导致消费者需求不足，整个产业陷入恶性循环。京东给品牌商的返款期仅20天，比传统商业模式的返款期3个月早两个月零10天！刘强东把企业的运营成本做到最低，在给消费者带来低价的同时，让品牌商获取合理的利润，使整个产业链健康发展。

京东自上线以来，除了做到成本更低外，还做到了和成本低同等重要的一项工作，那就是电子商务的高效率，主要是库存周转率。刘强东说："大家不要小看这个效率，很多同行认为我有足够长的账期就无需关心我的运营效率，只要我的现金流为正就安全了，这样的理解基本没有错误，但是如果你能不断提高你的库存周转率，则可以减少你的账期，获得供应商更好的供货价格或维持更多的现金流，用现金流进行再投资获利。"

中国传统家电连锁零售商公开的财务报表显示，其平均账期超过100天，个别高达112天。大家知道，如此之高的账期导致品牌厂商现金流严重不足，于是，疯狂向银行借贷。超长账期已经成为行业毒瘤，也导致整个产业链畸形发展，甚至容易引发金融安全问题——银行坏账。

京东做到了高效率，在同样现金流的情况下，返账期仅为20天，其库存周转仅仅12天，甚至更低，可以大幅度缩短供货商账期，让供货商有更多的资金为消费者开发更多、更好的产品，让这个产业链更健康、和谐。

电子商务的核心竞争力是什么呢？

京东的成功经验有力地回答了这个问题：电子商务的核心竞争力还是低成本和高效率。

众所周知，零售业发展至今，经历了集贸式、大商场式、连锁店式和电子商务，每一次变迁都会以一种更为先进的运营手段为消费者、为企业带来更多的利益。刘强东进入电子商务领域以来，不断颠覆着传统的销售模式，把经营成本降至6%～15%；并通过庞大的信息系统，根据消费者网上点击率、关注程度、过往的销售量等信息，快速对产品销售做出预判，不断提高物流、信息流、资金流的运转效率，京东的平均库存率只需要12天左右，甚至可以达到7天就能将供货商的产品送到消费者手中，从而提高整个产业链的运营效率。

刘强东在实践中早已清醒地看到，零售商就是成本和效率的竞争，这正是电子商务能够成功的原因所在。

在新兴的电子商务领域，博弈和冲突注定让刘强东在社会生活中扮演了举足轻重的角色，考验着一代电商之王的眼光、智慧和勇气。他在与品牌商合作的过程中，进行着理性的价格竞争，勇敢地允许线上价格比线下价格低5%～10%，这个竞争的方式可以实现一箭双雕，即把价格差距定位于不足以给线下的渠道带来巨大的冲击，同时，又能满足消费者对更低价格的诉求。另外，他在供应链的开发、信息系统的开发完善以及物流建设上都花了大价钱，目的就是想做成功的电子商务公司。刘强东说："电子商务不仅注定是互联网中烧钱最多的行业，而且，也是发展周期最长的行业。当然，此处所指的电子商务主要指的是自主经营型的电子商务公司，如京东、亚马逊等，并不包括平台型电子商务，如 eBay 易趣、淘宝等。我有一个最保守的观点，就是想做成一个成功的电子商务公司，至少需要10年的时间，最少也要烧掉10亿元现金。请注意，我说的是最保守的观点。也就是说，绝大多数电子商务公司如果想要成功，实际需要的时间将大大超过10年，资金投入也会远远高于10亿元。"京东把70%～90%的钱用于改善用户体验，不断积累客户资源，在电商的冬天来临之际，在中国网购市场转型升级的时刻，抢占着更多的市场份额。

刘强东从2004年闯进电子商务领域以来，像走钢丝一样，在电子商务竞争越来越激烈的今天，杀出一片自己的天地，创造了辉煌的奇迹。他不同于常人的商业信念、思想和策略以及他和团队非凡的创新能力，使京东从众多的电子商务企业中脱颖而出，成为电了商务行业的佼佼者。

刘强东是一位斗志旺盛的奇人，为了缓解压力，他经常一个人开着越野车，在沙漠里疯狂奔驰几天，然后，他自信而潇洒地继续行走在电子商务的领地上。他的战略和信念，都是一流的，犹如沙漠的早晨那一轮喷薄而出的太阳。刘强东认真、真诚、善良、宽厚、积极向上，有着华夏儿女的所有优点；也幽默，心思缜密，豪情万丈，指点江山，挥斥方遒，大有扬帆远航顺势一泻千里之气概；他的"赌性"和不服输的精神，令人咂舌。在电子商务这个新兴的商业模式里，在所有的阳光轻舞、空气清芬的好日子里，他不断探索，促使自己不断前进、不断进步、不断拾起、不断抛弃，让自己的生命芬芳而有意义。

2013 年 12 月 23 日，北京天气寒冷，一则消息让京东喜气洋洋。

美通社发布消息：中国领先的 B2C 电商公司京东今天发布该公司 2013 年所取得的业绩并提供其 2014 年业务发展日程蓝图。在与中国记者的圆桌会议上，京东创始人兼行政总裁刘强东宣布该公司预计 2013 年成交金额（GMV）突破 1000 亿元，还探讨了 2014 年具有规则重要性的 5 个主要领域：技术、线上至线下（简称 O2O）、商务、融资、二线城市渗透和国际化。

刘强东表示，京东在 2013 年取得了杰出的业绩，凭借其强劲增长推动年度销售额突破 1000 亿元，达到我们首年预期的增长计划，并较上年同比增长 2/3。我们于 2004 年创办京东，其目标是为使用者提供更好的电商体验。在 10 年后，中国消费者明确坦言，他们欣赏我们做出的承诺，即透过其自主运营的全国网路提供货真价实的产品和无与伦比的快递服务。随着我们开始第二个 10 年的经营，2014 年的宏伟目标是发展技术、O2O 业务、融资、二线城市渗透率和 JD. com Global 业务的国际化。我们在中国 B2C 电商中占据近一半的市场份额，在全国的整体电商市场占据将近 20% 的市场份额，并期待着继续发展。在 2013 年，我们利用京东自主运营架构作为具有可靠快递服务的电商领导者地位。这种架构可向我们 1. 4 亿注册使用者的多数客户提供当天快递和中国 6 个城市 3 小时快递服务。

这条消息立即在中国 B2C 电子商务领域引起巨大反响，人们在唏嘘之余，钦佩着刘强东这个铁打的汉子创造了新的奇迹！无疑，他已经攀越到了高峰。我们看到了新一代电商之王的风采和精神境界。

大道至简。在发展的前期，京东没有打过广告，靠客户的口口相传，靠京东的信息系统的升级，提升了客户体验，黏住了客户。刘强东亲任“首席服务官”，带领京东的数万名员工，踏踏实实地为消费者带来切实的利益，积累了优质的客户资源，创造了中国企业发展的奇迹。

他是奇迹的创造者。未来属于他。

我们期待着他把京东做成“百年品牌”。

京东的崛起和振兴并不是秘密。一切还没有结束，一切只是开始。

京东的大船在千帆竞发的中国梦中，实现着其追梦之旅。

京东的明天会更好。

在这个充满了传奇的时代，京东的成长真的像美国乡村音乐唱的那样：“成长如微风。”

奇迹，却是恢宏博大、深厚高远的。

12

发生在2013年的精彩故事

2013年，京东又做出了怎样的成就呢？

一直关注中国B2C电子商务公司的经济分析家们断言，继2012年销售额达到600亿元后的京东，在物流体系上投资已经结束，2013年，应该是休养生息年。

2013年1月1日晚，在京东内部年会上，京东集团创始人兼CEO刘强东向员工发表讲话，证实了经济分析家的断言。这位神采奕奕的京东掌门人，微笑着走向讲台，详细阐释了公司2013年的“修养生息”战略，同时指出了京东第二个十年的三大发展方向：自营电商、开放服务和数据金融。

刘强东详细介绍了“修养生息”不是休养生息，不是停下来的意思，也不意味着京东的业绩增长速度会变得很慢，事实上，“修养生息”四个字各自都有不同的含义。

在“修养生息”战略的指导下，京东发生在2013年的故事是否精彩？

答案是肯定的。

这一年，京东在开放平台、价格竞争和解决系统、流程、根源性问题上下了大功夫；坚持发展战略型业务，并进行持续不断地投入；把所有业务都围绕着电子商务这条主线，京东要在整个电商价值链和供应链服务方面不断拓展；在数据领域、金融领域，京东要催生出大量新生业务；所有能够代表未来发展方向的电商业务，京东都在2013年持续不断地建立起来。

刘强东的战略明确而清晰！事实上，2013年，正在“修养生息”的京东，精彩不断，又创最佳：年交易额已破千亿元！

至此，这位狂放飘逸、卓尔不群、风流倜傥、胸怀鸿鹄之志、开一代电商之风且影响深远的年轻电商之王刘强东，堪称个性独特。他奇异的创造力、雄丽奇崛、独有的气度的确给人心灵以震撼。从京东狂飙式的发展透露出的意象，不难看出这个70后企业家独有的气质和精神风貌。

他留给电商领域的将是一个神话。

他的梦，停不下来。

再攀高峰，京东销售额突破1100亿元

2013年3月24日，京东CEO刘强东在清华大学演说时透露，京东2013年平台交易额有望达到1100亿元，同比2012年翻一番。京东2012年的平台交易额（GMV，包括第三方卖家，含税收入）超过600亿元，今年的目标则是超过1100亿元。虽然是成

倍增长，但刘强东坦言："已经是过去九年增长速度最慢的一年了。"

5月31日，京东高级副总裁严晓青在第八届中国零售商大会上介绍了京东在B2C市场的情况。他表示，预计京东2013年营业额会突破1100亿元人民币。

京东2013年第一季度在中国自营式B2C市场中占据43.4%的份额，在中国B2C市场中占据17.5%的份额。截止到2013年4月，其注册用户已达1亿，活跃用户比例与客户年平均消费额高出业界平均水平。目前，京东构建了由6大物流中心、近1000个配送站点、200余个自提点组成的覆盖1037个区县的自建物流体系。

京东自上线成为B2C电子商务企业以来，以"正品、低价、服务"的战略，突破竞争对手的重重围剿，迅速成长，发展速度惊人，2008年、2009年、2010年三年的平台营业额大致为13.6亿元、40亿元和102亿元，2011年则接近260亿元，其平均增速维持在250%左右。2012年京东的营业额则达到了600多亿元，2013年更是大步向前，在"修养生息"之年，竟然创出营业额达到1100多亿元的奇迹。

这又是一个震烁古今的人间奇迹！

这个奇迹，是刘强东带领他的京东团队创造的。他曾自豪地说，京东是他的艺术品。

的确，当你回顾京东走过的电商历程，如果不是他励精图治、深入通透、细致入微的追索，哪有京东神奇快速地成长？如今，体味其浑然天成、神来之笔般的艺术品，怎能不为他的率真飘逸、气魄雄宏、特立独行、奋起一搏的精神所感动？

在刘强东看来发展最慢的2013年，京东又经历了怎样的风霜雨雪？又是怎样风雨兼程，大步向前的呢？

2013年3月，京东完成价值观梳理：客户为先、诚信、团队、创新、激情。新企业价值观的核心是“客户为先。”

刘强东说：“最近三年，京东营销团队急速扩张，人数增加了五六倍，但公司声誉在业界已经不像以前那么好，整个团队跟十年前相比整体质量在下降。”他强调：“在针对我们员工的批评中，有一点是我非常担忧的，就是服务态度问题。有供应商和卖家反映，在京东，不管是招商、运营，还是财务，一些人感觉很牛，好像他们是在管供应商，服务意识很差。”

刘强东要求员工应该有一个“店小二的态度”，把姿态放得很低，坚持“客户为先”的京东价值观核心。

京东发展至今，重提“客户为先”的京东价值观，究竟有什么意义呢？

甚至有人问：“客户为先”有什么可谈的呢？京东谈了十年了。大家都知道，京东的用户体验连续几年都在国内领先，还要怎么提升呢？

刘强东不这么看，他满怀深情地回忆说：“十几年来让我最感动的是，很多老供应商虽然很久都不合作了，但依然是我们很好的朋友，对我们团队的评价很高。很多人问我：‘老刘，我实在搞不明白，你是怎样培养团队的？为什么你们公司，哪怕一个送货员，对京东的爱都那么深！他们的敬业精神、激情、责任心都那么好！’十几年前业内同仁对京东每个同事的评价都是这样，每个人都拼命加班加点，每个人都忘我工作，没有将自己和公司的利益分开，能做到用‘诚信、交友、合作’的原则去对待客户，甚至在跟竞争者合作时也是如此。那时候，京东每年都主动邀请友商聚会聊天，谈谈大家对行业的看法。我们和供应商都是朋友，像亲人一样对待他们。”

刘强东的这番话讲得情真意切，透过这番话，就不能理解他为什么要重新定位价值观——“客户为先”了。

今天的京东已经从最初的几十人发展到有3万多员工的大公司了。据刘强东讲，将来的京东会成为至少拥有15万员工的大企业。没有一个统一的价值观念，难以统一团队的步调。为此，刘强东一再强调：“京东的倒三角战略中，目标是先打造一支最优良的团队，然后靠我们优良的团队去建设三个系统：信息系统、物流系统和财务系统。考核这三个系统是否好的基本指标，就是成本和效率。只有不断降低成本，提高效率，才能为我们的客户创造价值。所以什么是价值？为消费者省钱，让供应商渠道成本得以降低，这就是我们创造的价值。一家有价值的公司，一定要在行业里面搭建一个有价值的桥梁，不仅要保障我们的客户体验，还要保证我们的成本和效率，这样才能真正创造价值。这个用户体验不仅是指消费者，我们对供应商和卖家也存在一个产品、价格的管理，让他们以最快的时间、最简便的方式、最低的成本获得服务。”

“我们的团队要改变对供应商和卖家的认知，提高我们的服务，让他们对京东的未来有信心。因为京东做得越大，我们的成本越低，效率越好，供应商和卖家也会赚更多的钱，更有利于品牌的发展。用户体验不仅仅是京东发展的基础，实际上也能给我们的供应商和卖家带来品牌提升和公司发展。”

“总之，我希望任何京东人都要牢记，没有供货商，没有卖家，没有消费者，就没有京东，三者缺一不可。这三者是构成我们整个电子商务业务的三个最主要客户群。缺了哪一个，都会破坏整个生态循环，业务模式就无法确立，京东公司也无法得以发展。消费者、卖家、供应商都是我们的客户，我们要感恩客户，以客户利益为先，关注客户体验，多为客户着想；我们要服务客户，具有主动服务意识，开心服务；我们要成就客户，尽自己最大努力，超越客户期望，帮助客户实现其目标。”

“这是京东价值观的核心：客户为先。在京东，价值观是我们的生命线和高压线。接下来，我们任何决策都要看有没有违反公司价值观，有没有违反客户为先，如果有，那么这个决定是无效的。公司的发展和员工幸福度的提升不是通过利益的博弈，而是要靠创造价值来实现。”

“希望我们所有的同事都能从内心深处认识到‘客户为先’，并真正地在工作中实践‘客户为先’。我也坚信，京东人本着‘客户为先’的价值观，一定能为消费者、供应商和卖家提供更好的服务，从而使京东能为客户和社会创造更大的价值！”

刘强东对“客户为先”的阐述，足以让我们看到一个成熟并有着正确理念的电商之王，对一个寄予厚望、能够承载自己和京东人中国梦的企业经营真谛，悟到极致，理解得多么深透，实施得多么精彩！在这样一个价值观的指导下，2013年，京东围绕客户的需求去开拓市场，参与竞争，终于实现了年销售额1100亿元的宏伟目标。

下面的几个事件，可以看出京东无时不在快马加鞭前行，无时不在实践着“客户为先”的理念实施。

2013年，京东大事频频，时常会有令人耳目一新的壮举。

3月，京东的域名正式更换为JD.COM，并推出名为“Joy”

的吉祥物形象；京东与中国顶级足球赛事中超联赛再度牵手，成为中超联赛一级合作伙伴。

5 月，京东推出“夜间配”、“极速达”等配送服务，树立电商物流配送的新标杆，同时，京东超市业务上线。

6 月，京东推出“电商云”的四大解决方案：宙斯、云鼎、云擎、云汇。京东开出中国电子商务领域首张电子发票。京东在北京、沈阳两地成功投放自提柜业务，消费者可 24 小时随时取货。

7 月，京东“亚洲一号”上海物流中心（一期）完成建筑结构封顶，并成功举办京东首届开放平台合作伙伴大会。

9 月，京东发布首份企业社会责任报告，提出“五为”理念。即：作为中国最受消费者信赖的电子商务网站之一，京东始终秉持“客户为先”的发展理念，通过在技术、产品、物流等方面的持续创新，有力推动了中国电商行业的发展。与此同时，京东还设立了社会责任部，并在其他各部门及区域确定了企业社会责任联络员，从而全方位推动京东的企业社会责任工作。为践行“让生活变得简单快乐”的企业使命，京东建立了“五为”社会责任体系，勇于为用户、合作伙伴、员工、环境和社会承担应有的责任。

10 月，京东调整会员体系，推出“京豆”。京东首次面向海外招聘国际管培生。京东在自营家电品类率先推出“30 天价保，30 天只退不换，180 天只换不修”特色服务承诺，远超国家三包法规定。

11 月，发布 JD Phone 计划，整合产业链为用户打造最佳性价比手机。京东获基金支付牌照。京东正式推出“退换货运费险”，这是电商业界首次退换货“双保险”。京东与太原唐久便利店合作上线 O2O 项目。

12 月，京东成为中国首批虚拟运营商。京东会员俱乐部上线。

至此，京东在 2013 年发生的故事如同一串串珍珠项链，闪烁着晶莹如玉的光芒。

刘强东，这位名符其实的电商之王，充满信心地指出：京东的“电子商务分为两个阶段，第一个 10 年是较为粗放的竞争，不断争抢市场份额，这 10 年已然结束。而接下来的 10 年，电商比拼的将是创新和体验。就是在电子商务基础之上，会有大量衍生的创新产品出来，所以真正的竞争应该才刚刚开始。”

这是多么理性的电商奇才，刘强东是用心灵去看纷繁复杂的电子商务领域，用心灵去体验沉思，用心胸去铸造京东的魂灵，带着大境界、大智慧，观照描绘他那最美的艺术品，真的是“英姿秀骨尚可以，逸气高怀那得画。”

历史悠悠尚在，自然高妙始终。刘强东打造京东这个中国 B2C 电商艺术品的所有做法，扎实，厚重，韵味丰盛，值得收藏，适合精读细想。

京东新“修炼”平台酝酿发力

2013 年，中国电商界风云变幻，电商大鳄们志满踌躇，纷纷发力，要在新一轮竞争中有所作为。京东更是蓄力待战，在“修养生息”战略中，发力于开放平台，打造完全不同于阿里巴巴的平台。

2010 年 10 月，京东开放平台正式上线。卖家数量季度复合增长率约 60%，已从最初的数百家上涨到接近三万家；商品品种数量季度复合增长率约 70%，从数万个扩展到约 1100 万个。

2012 年平台交易额突破 120 亿元，在国内电商平台中“坐二望一”；2013 年“618”店庆月期间，交易额相比去年同期增长了约 2.5 倍，保持了远高于行业整体的增长势头。

经过近三年精耕细作之后，京东开放平台将成为“卖家整体解决方案提供商”。过去十年，京东以自身的不断创新，为中国电商行业注入了新的活力。未来十年，京东仍将继续为消费者、为合作伙伴、为行业和社会不断创造新的价值。

身为京东集团创始人、首席执行官的刘强东对京东开放平台极其重视，他将开放平台后的京东定位于成为“卖家整体解决方案提供商”，并推出技术、物流、服务、财务等四大具体支持计划，通过共同开拓“电商发展新大陆”，建立京东以及中国电商行业的未来新格局。他说：“以电子商务平台为基础，京东将形成以电商营销、物流服务、信息技术、互联网金融服务四大平台支撑的发展格局。这是对电商产业价值链的重新梳理，也将为合作伙伴、消费者创造更多的价值。开放平台业务融合了上述特征，将为京东在第二个十年继续扬帆远航迈出重要一步。”

作为未来发展的基石，京东开放平台业务将与自营业务一起，成为京东可持续发展的重要引擎。开放平台能够提升公司的整体规模，进一步优化用户结构、提高消费黏性，并快速丰富商品种类。大力发展第三方卖家平台业务，吻合京东一直以来致力于为广大消费者提供“一站式综合网购”体验的宗旨。

展望京东开放平台的发展目标，预计到 2016 年，第三方卖家开放平台业务将占到整个京东电子商务业务的半壁江山。合作伙伴可以根据自身的需求灵活选择自营、开放平台两种合作模式，实现多元化发展。在这块“新大陆”上，京东将携手合作伙伴共同成长、创造共赢。

刘强东对平台开放的重视有目共睹。在确认新一轮7亿美元融资入账后，更是跃跃欲试。他给全体员工发了一封800余字的内部邮件。刘强东在邮件中告诉京东员工，目前京东现金储备已超150亿元，要打造一个和阿里完全不同的平台。依靠这150亿的资金，京东将不必顾忌短期财务表现，而是立足未来进行长期投资。他强调，京东一直在“进行价值投资”。

刘强东认为：“平台”将成为京东的发力点。“过去几年中，京东着重打造并开放其网页、物流、信息等平台，同时布局金融平台业务（尽管这些业务前3年都是亏损的）。我们今天投资的所有业务都将向社会开放，都将成为一个又一个平台！最后形成一个庞大的平台网络！”“未来的商业纷争必然是平台之战，背后是价值之战，谁能为客户带来最好的用户体验，从而为客户创造更多价值，谁就将笑到最后……京东要做的是平台级电商，将旗下所有业务平台化，才是京东的最终目的。”

到2013年初，京东拥有1万多个POP平台卖家，一些业内人士认为，京东在复制亚马逊的模式。还有人说：“同样是做平台，国内阿里系的平台已经发展得很成熟，京东不可能去抄袭这个模式。”

京东不同于淘宝和天猫的平台模式，后者是依靠自己的互联网平台吸引各类型商家入驻，通过租金以及为商家提供数据服务盈利，它们已经发展到一定规模。京东如何开放平台呢？是跟在阿里身后亦步亦趋，还是有自己独特的做法呢？

刘强东不可能拾人牙慧，京东平台有着自己的特色！

2013年，京东致力于结合自建物流体系和自身的购销体系来建平台，走自己的平台模式，建立以大物流仓为基础的平台体系。而这也是它和阿里巴巴的不同之处。

纵观中国电商领域，阿里巴巴、京东、苏宁三者都在发展平台，而平台的侧重点却又各不相同，未来对品牌商家的争夺将存在一场精彩的博弈。在苏宁集团春季部署会议上，掌门人张近东表示，电商主力军应该是店商而不是电商，未来苏宁的零售模式将是“店商+电商+零售服务商”。

随着京东规模进一步做大，开放平台已成为京东的重要战略部分。不过，京东自营业务与开放平台的竞争也更加明显，也经常引发供应商和京东内部的抱怨。对此，刘强东表示，京东内部不做任何平衡，内部强调公平竞争机制。

2013年，京东产品展示界面做了改版，把所有卖家放到一个页面，不分自营还是第三方，大家展示机会均等，京东让客户进行选择，最终比拼的还是谁的服务好，谁的价格更低。所以京东自营和POP也是竞争，是很激烈的竞争。

很多京东平台上的产品降价都不是外面的友商，而是同一公司不同部门的作为。比如化妆品领域，自营部门和POP部门竞争非常激烈，好多降价都是内部降价。但不管怎么竞争，这对消费者有利。

蛇年，京东开放平台还处于投入期，并没有到正式发力之时，也未到大规模增长阶段。刘强东清醒地看到：对京东来说，POP平台最核心的是系统，这一方面与阿里巴巴存在不小差距。阿里巴巴开放平台系统相对成熟，能给卖家提供分析工具、营销工具，京东只实现了POP平台最基本的功能，更高级的卖家需要的服务京东都很欠缺。京东一方面自己在开发，另一方面也在积极引入大量的第三方开发机构，迅速丰富京东开放平台的应用数量。

京东开放平台升级的另一个重要支点是物流平台。刘强东透露，现在大量卖家想使用京东的物流平台，但京东物流平台开放能力不足，物流平台大部分还是满足自有的业务发展，还没有能力开放到很大程度。随着“亚洲一号”项目逐步建成，大量的冗余产能会向卖家开放，实现业务的统一。

总之，京东开放平台，做整体解决方案提供商，与卖家共拓“电商新大陆”的目标已定，正披荆斩棘，一路高歌向前。

2013年7月29日，京东以“聚合力、赢未来”为主题的首届开放平台合作伙伴大会在北京召开。会上，京东提出“开放平台要致力于成为卖家整体解决方案提供商”的目标，并一举发布了面向开放平台合作伙伴的技术、物流、服务、财务四大支持计划，旨在为具有不同业务特点及规模特征各不相同的京东开放平台商家提供一站式全方位服务，全面提升开放平台的核心竞争力，为合作伙伴创造更加良性的发展环境。

多年来，京东作为国内最大的网络综合零售平台，是业界公认的优质合作伙伴。的确，京东一直不断完善对开放平台的服务，实现与合作伙伴的共同成长。

2011年，京东创立开放平台后，就要求入住商家以销售正品为原则，平台内各种规模商家一直保持着高于业界的速度高速增长。2012年，月销售额10万元以下的卖家实现了175%的销售额增长率；月交易额10万元到100万元的卖家增长率高达210%；月交易额100万元以上的大卖家也实现了稳步增长。

在此期间，京东致力于成为开放平台卖家整体解决方案提供商，为商家提供贯穿整个运营流程的全方位服务，包括高质量的用户群体、优质便捷的仓储配送服务、以大数据为驱动的电商服务体系、潜力巨大的移动端入口、快捷多样的支付及结算方式和更加公平、透明、完善的平台规则等，这些都将助力京东卖家走向成功。

2013年，京东开始发力，重点扶持卖家，对重点卖家提供一站式服务支持，这些重点卖家包括各品类TOP品牌店铺、国际及国内知名品牌、具备高增长潜力的卖家以及商品具备差异化特征、补充品类缺失的卖家。京东开放平台对其提供的服务将贯穿整个运营流程，包括供应链、分销、营销、仓储配送、售后服务、数据分析等各个方面。

对于电商行业来说，强大的技术支持是掘金商海的核心保障。京东发布的平台技术支持计划以商户需求为根本出发点，能够为商家提升营销效率，完善运营支撑。

在商家系统提升方面，京东将对店铺系统、商家助手、IM等多个产品持续升级优化。商家助手让商家轻松实现后台管理、订单管理、商品发布等操作；京东IM“咚咚”为商家和用户间架起了沟通桥梁，支持PC端与移动端；店铺系统可提供几百个业界流行模板，从策划到上线只需一分钟；运营方面，通过京东技术支持计划，可全面支持商家的仓储配送服务，并支持商家自建客服团队、电话客服、IM在线客服、机器人客服等。流量支持方面，京东通过多入口、多曝光等方法可强化商家的店铺展示，并通过商家流量闭环以避免流量被分流。此外，通过京东快车还可实现营销方式的多元化、精准化和智能化。

京东“最后一公里”的理念，让物流成为完善用户网购体验的最佳形式，是电商服务品质的重要一环。京东物流支持计划的推出，能够让卖家共享京东的物流优势。京东平台可以为卖家提供包括仓储、配送、售后、客服等在内的一站式物流服务，并支持B2C、B2B、官网、门店、批发所需的多渠道服务及供应链服务。其中，京东的仓储开放包括了自营（亚洲一号）及三方仓储。京东拥有辐射全国的7个区域分发中心、25个前端物流中心及37个一二级分拨中心作为运营核心，不以盈利为目的，以3～5元每单的市场化价格向商户提供服务。京东还向第三方卖家开放仓储系统，满足卖家的仓储需求。

京东平台为卖家配送开放了自营配送、第三方快递、货到付款落地配、连锁业配送等针对第三方卖家的服务，能够为卖家在区域分发中心、前端物流中心周边150公里提供“211限时达”服务、货到付款服务，实现“一地库存、全国发货”的点对点服务。

显而易见，电商行业高质量的服务，对于卖家的经营有着重要作用，京东开放平台极力为卖家提供包括客服、售后等在内的服务，提高消费者衡量商家的期望值，共享高质量的客服体系。因此，京东平台为卖家提供400电话和IM自主售后服务，客户可通过分机号、商品编号、订单号直接与卖家取得联系，实现购买咨询、服务受理。京东还为开放平台商家提供了支持专线、服务管理培训以及工具系统保障，卖家可获得7×12小时的贴心服务及专业的服务管理培训，以提升服务意识和沟通技巧。

目前京东在江苏、成都两地的客服中心已有3000余人，可提供包括电话、在线等多种服务方式。京东更建成了新的客服中心，预计年底投入运营。新客服中心坐席数将达到6000位的容量，每日接待客户咨询能力可达到60万人次。

京东平台还为入住卖家推出财务支持计划，从卖家需求出发，使得账期更合理、流程更简易、信息共享更透明、数据更准确。

在结算服务方面，京东将进一步精简商家的财务审批流程，实现订单完成后即时到账；在发票开取方面，京东将实现自动开票、主动邮寄，并提供实时查询功能。京东还将提供金融服务，帮助卖家解决资金问题，具有手续简单、产品丰富、资金安全、还款灵活等特点。

京东开放平台推出围绕技术、物流、服务、财务在内的四大支持计划，致力于成为“卖家解决方案提供商”的定位，将进一步巩固并提升京东开放平台的核心竞争力，增强卖家的满意度，最终实现用户体验的提升。

目前，中国电商领域的几家主流 B2C 电商均完成或正在处于自营模式向平台模式的转变，毕竟借助第三方商家的力量，可以迅速充实自己的商品类目和数量，第三方商家也可以分担推广、资金等方面的大量压力。

随着苏宁、京东对战开放平台，业内经济分析家预言：未来电商竞争将转化为平台之争。

刘强东居安思危，未雨绸缪，早已看到了这一步棋，并已有了缜密的布局。他说：“不做开放平台，京东会死掉。”他对企业的发展目标和前景的思考，总是那么长远、开阔和深谋远虑。

纵观中国 B2C 电商市场，各大电商都对开放平台跃跃欲试。2012 年，苏宁易购陆续推出了开放平台入驻政策，截止 2012 年年底，苏宁易购开放平台已收到近 2 万商家的入驻申请。因其开放平台并不采用保证金制度，为保证平台整体的服务质量及品牌商的利益，苏宁易购对该平台制定了严格审核机制。

2013 年 9 月 22 日，苏宁易购执行副总裁李斌表示，区别于传统平台无限制的招商模式，苏宁易购还创新提出了“区域独家制”，即在同一区域，同一品牌只选择一家供应商进驻苏宁易购开放平台，为此苏宁易购还设置了透明的商家竞争、评估、淘汰机制。李斌还透露，目前苏宁易购开放平台的基础建设已基本完成，接下来除了会对平台保持持续优化外，也会围绕入驻商家定期提供培训服务。此外，苏宁易购还将为入驻商家提供包括支付、金融、数据、广告营销、托管服务、仓储物流、云计算等在内的电商配套服务。

京东也在紧锣密鼓地筹划开放平台提升事宜，这么好的机会怎么会没有刘强东的参与？刘强东和他的京东不但会参与，而且，还会有令人耳目一新的大动作、大举措。

2013年8月初，在京东开放平台的上线仪式上，刘强东出人意料地向媒体开放了京东的一个管培生内部培训，他说：“我们要更加开放，我们要让更多的人了解真正的京东。”

看来，在开放平台业务上，苏宁和京东会有一拼了！

其实，苏宁和京东的博弈肯定激烈，没准会很残酷，明眼人也早就看出来了，他们几乎在同一时间瞄准了天猫，虽然，天猫堪称领头羊。

看2012年的相关数据，就可以明白两者的差距究竟有多大了。

京东2012年平台业务的交易额是120亿元；

苏宁则刚刚起步；

天猫却是2000亿元。

所有电商大鳄们都很清楚开放平台对于大型电商公司来说意味着什么，亚马逊已经有40%的交易额来自于开放平台，而它这些年一直投入巨大的物流和云计算，几乎就是为开放平台定制的。

目前，京东、苏宁与天猫不可同日而语，他们远远落在天猫后面。许多商家都会选择占了七成以上市场份额的天猫。

京东和苏宁要做大平台，会疯狂分抢天猫的“奶酪”，疯狂地争取那些天猫平台上的二、三线商家，当两家都把物流、金融和云计算等筹码摆在商家面前时，大家会不自觉地进入了一个激烈残酷的竞争之中。

京东和苏宁已经拉开了挑战天猫的战争序幕，并开始了争夺二、三线商家的竞争。

在开放平台的业务上，这两家各有特色，既互相竞争，又互相学习。

其实两家发力平台都始于2012年，尽管京东在2010年年底就上线了该业务。刘强东比较早地看到了这样一个趋势，自营业务已经开始凸显其弊端。从2007年到2011年，京东的营收增长率分别为350%、266.67%、203.03%、155%、105%，呈下滑趋势。自营业务的增长主要依赖于品类和地域的扩张，基础设施的欠缺使得每上线一个新品类，京东几乎得重新建造一个供应链，越来越没效率。而被认为电子商务普及率不高的三线以下城市，还远远没有达到能推动大公司高速前进的水平。做开放平台，就意味着从零售转向服务，这包括耗资巨大的物流体系，以及同样不便宜的云计算体系的搭建。

京东和苏宁都得面对这样的不争的事实。

两家掌门人在开放平台业务的角色定位上，一直举棋不定。刘强东也是因为观摩了几次亚马逊之后，才坚定了做开放平台的决心。

刘强东又一次“赌性”大发！2013年，京东发力于开放平台。

拂去云雾，摘掉面纱，就会看到，苏宁一直以来更是属于“半开放”状态，苏宁很希望可控更多的重点领域，从收购母婴电子商务网站红孩子，就可以看出其愿望。

2012年底，刘强东和张近东都在公开场合不同程度地表明了对开放平台的重视。刘强东甚至称一直不认为京东会在B2C业务上盈利，他清醒地说：“全世界的零售业都是不赚钱的，但我们会以电商商品的买卖作为吸引用户的入口，通过物流、IT信息服务的开放以及增值业务来赚钱。”

刘强东说，2016年，京东开放平台业务要占整体业务的50%。

京东和苏宁这两个对手，在开放平台上的一些做法，竟然惊人的相似！

2013年5月前后，两家都开始制定新的开放平台准则，并确立了其核心，就是把它作为未来战略方向去开拓、发展。

京东开放平台事业部总监王志富和他的团队，曾根据老的卖家手册做出了第一个版本，主管开放平台业务的高级副总裁黄莺春也仅仅提出“要符合公司的实际情况”。一方面，要充分发挥京东的物流体系“亚洲一号”的优势；另一方面，也要考虑未来的可扩展空间。紧接着，京东在第一版的基础上，加入了非常复杂的卖家奖惩积分体系。王志富的团队成员此后每天都跟无数的卖家代表沟通研讨，之后讨论的范围还扩大到了京东业务部门的同事。他们成立了一个卖家委员会，同时也请了几家咨询公司介入，这个过程持续了两个多月，做出了最终版本。

2013年2月，苏宁正式提出按照“苏宁云商”的战略，改组整个组织架构，线上线下的融合开始加速。在张近东的概念里，以电子商务为代表的虚拟经济如果主导实体经济，必然会导致泡沫，而苏宁要做的就是“店商+电商+零售服务商。”

6月，苏宁新成立的部门主导了这次变革，终于实现了“线上线下同价”，为“云商”模式打造了基础。商品经营总部就是负责所有商品的来源，而苏宁易购与线下连锁卖场不再单独参与采购，只要完成销售业绩就可以了。苏宁易购的销售也开始直接计入门店销售的范畴，只要易购的收货地址在这家门店销售半径内，即算入该门店业绩，这使得线下极其重视对电子商务的后续服务。

京东和苏宁在开放平台的问题上步调竟然如此一致，他们都把细则的公布时间放在了9月前后。当然，京东在9月公布细则，与“亚洲一号”一期年底投入使用有绝对关系。此后，京东的日订单处理能力提升数十倍，这就为开放平台奠定了坚实基础；而苏宁的“物流云”全国物流建设项目已完成了50%，到2013年底累计建成并投入使用的基地达到24个。

至此，两个对手紧锣密鼓地开始了开放平台的操作。从8月起，蒉莺春就不断接触商家，研究细则，诸如执行时间、处罚程度的细节等问题为重点讨论内容。然后，京东对15个卖家开会进行了研究。参加的卖家涵盖了京东22个主要行业。细则已经基本形成后，王志富开始了细分行业的准则的工作。

苏宁开放平台细则的重点，就是苏宁会向商家开放线下的门店资源，这对于很多本身就聚焦在线下的传统商家来说颇有吸引力。

就在京东和苏宁两家在为开放平台而奔走呼号的时候，马云很是郁闷，灵敏的天猫嗅到了危险的气息和挑战的火药味。2013年8月22日，他们推出了“史上最严厉”的细则，对售假商家采取延长处罚限权时间、限制发货、极恶劣者一次性关店等措施。同时，他们也启动了“旗舰店升级计划”，天猫副总裁王煜磊说："该计划新增了品牌互动、导购、消费者大数据的分析、用户关系管理及维护等六项新服务。"

京东和苏宁既是挑战天猫者，又是竞争对手，各方都摆足了架势。知名博主鲁振旺在其微博上公布了苏宁开放平台的千人招聘计划。他们的内部目标是在团队规模上要用几个月的时间超过京东，快速达到天猫的一半。

苏宁首要的敌人是京东，反过来说，京东目前最危险的敌人也正是意欲超过它的苏宁。

明眼人一看就知道，京东和苏宁都在打造一个所谓的生态链系统。

苏宁总裁孙为民把苏宁开放平台的模式称为"平台3.0，""我们用'自贸区'来形容平台3.0，全球的企业都可以入驻我们的平台，唯一需要的是遵守自贸区服务法则。"

京东则是不断强调扶持和持续增长。蒉莺春说："我们成立了大客户部，但并不是按照企业规模来分，其中有很多小企业具有很强的成长性和不可替代性。我们发现月收入10万元以下的小商家成长性反而更好。从2012年第一季度追踪到现在，我们发现他们都是以一倍两倍的高速度在成长。"

苏宁的开放平台更小而精，他们第一步的目标是5000个商家，这跟天猫的40多万家相比，根本不在一个档次上。

而京东正在调整已有的商家结构，它已经过了那个快速聚拢商家的阶段，京东要比苏宁更开放，至少90%的品类京东永远不会单独做。

再回过头来看看天猫，其入驻商家的规模已经趋于饱和，京东和苏宁会蚕食掉天猫的二、三线商家。因为，两家都有能力给中小商家提供一整套的解决方案，特别是对于那些年销售规模几百万的商家来说，天猫的优势面对信息流、资金流、物流时比较弱。

未来电商的竞争是开放平台的竞争，危机已经渗透到了每个角落。京东和苏宁两个对手会有一拼，他们又同时分吃天猫的“奶酪”，竞争的烽烟已经燃起。

这场竞争，谁会笑到最后？

修养生息，超越巨人，再创辉煌

2013年1月1日晚，在京东内部年会的会场上，主持人宣布：刘强东讲话。掌声响起来，刘强东手拿话筒，微笑着走到台中央，在大家的热望中，他阐释公司2013年的“修养生息”战略，同时指出了京东第二个十年的三大发展方向：自营电商、开放服务和数据金融。他说：“‘修养生息’不是休养生息，不是停下来的意思，也不意味着京东的业绩增长速度会变得很慢，事实上，‘修养生息’四个字各自都有不同的含义。”

接下来，他侃侃而谈，详细地阐述了修养生息的内容。

所谓“修”，就是过去九年，京东平均的增长速度超过200%，在如此高的发展速度下，内部不可避免地会产生一些系统性问题、流程性问题、根源性问题，“修”就是要通过一年的努力，把过去十年积累的问题从系统上、流程上、根源上彻底解决，为第二个十年的增长打下一个坚实的基础。而这种解决是要一次性的、彻底的，不能为未来的发展留下任何瑕疵，是为“修”。

所谓“养”，就是要对京东的战略型业务进行持续不断地投入，把它们“养大”。当然，京东所有的业务都会围绕着电子商务这条主线，不会脱离这条主线，不会去做跟电商无关的事情。在这些战略型业务上可能会继续亏损，不是京东不能盈利，而是如果过早追求盈利，丧失的将是对未来的投资，所以京东有理由、有资格、有能力，持续对这些业务进行战略性投资。

所谓“生”，就是经过十几年的发展，京东也在思考还有哪些业务没有做，还有哪些领域没有进入，京东还要不断扩展。当然前提同样是所有的业务都会围绕着电子商务这条主线，京东要在整个电商价值链和供应链服务方面不断拓展。比如在数据领域、金融领域，京东要催生出大量新生业务。所有能够代表未来发展方向的电商业务，京东都要在2013年持续不断地建立起来。

所谓“息”，就是在京东现有的业务模块中，有些可能是没有未来的业务，不管这些业务目前是赚钱、还是亏钱，只要是没有未来的业务，京东都要坚决把它关掉。没有必要在这样的业务上耗费资源、精力以及时间。

他的详细说明，使京东“修养生息”的战略更加深入到员工的心里。

2013年是京东的第二个十年的初始年。无疑，“修养生息”的战略会引导京东人在取得2012年交易额突破600亿的基础上再创辉煌。

刘强东说：“根据我们2013年的战略规划，京东的平台交易额一定会远远突破1000亿！同时，我非常坚信到2013年第四季度，我们一定可以实现真正意义上的盈利。”

春去春又回，一年过去了。京东修养生息之年——2013年，交易额达到了1100个亿。

刘强东在阐述“修养生息”的战略的时候，满怀深情地回顾了京东的历史，他说：“京东的历史是不断超越‘巨人’的历史。”他豪迈地说：“当然现在我们还是面临着‘巨人’，不得不承认，淘宝现在做得比我们好，但是京东最不缺的就是超越，京东人最不怕的就是行业巨头，其实我们每天都在挑战，我们在进行自我挑战、不断刷新自己的记录。我们就是超越一个又一个竞争对手后才走到了今天。”

进入2013年，京东迎来第二个十年，未来十年怎么走？京东的目标是什么？方向在哪里？如何再一次实现超越？

刘强东把这些问题作为讲话主题，进一步阐述了京东第二个十年的三个发展方向：自营电商、开放服务和数据金融。

在如此缜密、清晰的发展方向指引下，京东将在第二个十年，超越第一个十年只是做一个电子商务公司的概念。这三个新的业务方向，都以技术为驱动，也都将带来丰厚的利润。刘强东说：“我曾经说过，一家亏损的企业是可耻的，但是如果太急于赚钱，以至于不敢投资、没有野心、没有梦想，这样的公司是无知的、悲哀的和愚蠢的。”

事实证明，京东在2013年披荆斩棘、奋勇向前，取得了令人瞩目的成就。

京东在2013年，秉承“客户为先”的经营理念，通过物流、技术和财务系统的持续投入和建设，致力于为供应商和卖家提供优质的服务平台，为消费者提供丰富优质的产品、便捷的服务和实惠的价格，打造受广大用户信赖、喜欢的优质网购入口，并为产业链、经济和社会发展创造全新价值。2013年6月，京东已拥有约1亿优质用户，经营13大类、数万个品牌、数千万种优质商品，日均访问量约2亿，京东的自建物流体系由6大物流中心、27个城市仓储中心、近1000个配送站、300个自提点组成，覆盖全国1188个行政区县。

京东已经成为中国领先的综合网络零售企业，并创造出了辉耀中国电商领域的辉煌。

“京东是我的艺术品”

又一个早春时节，京东在忙碌中迎来了2013年的春天。

二月春风似剪刀。北京的二月，乍暖还寒。在冬雪还未消融之际，京东完成了第五轮融资，刘强东骄傲地说：“京东是我的艺术品。”

至此，这位当今的电商之王励精图治，京东网上销售额从2005年的3000万元增至2012年的600亿元，再到2013年的1100亿元，一步几个台阶地一路狂奔，在中国走出一条与众不同的B2C电子商务发展道路，把京东打造成了屹立在电商领域的翘楚。

如今，已到不惑之年的刘强东，把全部赌注压在了把京东变成一个庞大的“平台网络”上。而这个庞大的网络平台，当然就是他呕心沥血的艺术品！

如今，京东已然“水晶帘动微风起，满架蔷薇一院香。”

刘强东，这位叱咤电商风云的新一代电商之王，内心却是春雨般的晶莹剔透，秋野般的宁静深远。他开始逐渐习惯用“内部邮件”来发表观点。他微博的签名已经是“低调、低调、再低调。”

他的个人生活其实很简单，2005年之前的主要业余生活是跟老乡或同学聚聚餐、喝喝茶，2005年京东的“五一”和“十一”

放假，一次偶然的机会，随团穿越沙漠，一发不可收拾，成为他酷爱的运动。

刘强东在创造奇迹之余，也酷爱看书。他坦言自己看的书很杂，特别喜欢《撒切尔夫人传》、《丘吉尔传》、《罗斯福传》，他说："这三个人都是在世人认为最绝望的时候，给人们带来一丝希望。"

有人知道他喜欢名人传记，就跑来约他出传记，刘强东笑着说："都被我拒绝了，我还只是一个小小的创业者，没到成功出传记的份儿。"

刘强东坚定地说，至少10年内他不会退休。"我不喜欢把问题想的很复杂，其实本来就很简单。"

就是这样一个性情中人，在事业上，却像个"疯狂的赌徒"。

10年来，他赌赢了市场，把需要几代人才能打造的千亿元企业，用了短短的10年完成。他自己也说，京东的历史是不断超越"巨人"的历史。

这种超越应该是他艺术品的精髓。敢于超越"巨人"的勇气令人钦佩，他的霹雳手段，更是震惊全世界。

时势造英雄。刘强东在2013年的年会上讲的这段话，发人深省，我们可以看到一代电商之王的魄力和勇往直前的勇气。

在讲述他的艺术品时，刘强东是自豪的。他说："京东这十几年的历史，是不断超越一个个'巨人'的历史。1998年，我去中关村的时候，我们只有一个柜台，3个月之后我们才有第一个同事加入，那时公司名叫'京东多媒体'。从1998年6月18日这一天开始，我们面对的就是'汇天华光'等光磁存储行业的'巨人'，这些'巨人'交易额一年至少都是几千万，而我们那时只有一个柜台，手里只有12000元钱，什么资源都没有，但是在3年之后的2001年，我们就成为中国最大的光磁代理商，垄断了全国60%的碟片刻录机销售。

“也是在2001年，我们开始思考公司的发展方向，决定不再做批发，而是开店做零售，通过渠道下沉，面向终端用户。我们开始看到国美、苏宁、宏图三胞等‘巨人’。”

“2003年，我们因为非典进入电子商务领域，2004年京东正式上线，那时候我们只做IT产品，面临的‘巨人’是上海的‘新蛋网’，新蛋网那时的全球交易额是12亿美元，每年净利润2000万美元，有全球最好的信息系统。而我们几乎什么都没有，我们只有人——京东人。到了2008年，我们成功超越了新蛋网。”

“2007年，我们开始进入综合自营B2C电商行业，我们看到的是当当网、卓越网这两个‘巨人’。当时大部分网民都知道当当、卓越，很少有人知道京东。那时候说京东能超过当当、卓越被认为是痴心妄想。但到了去年，我们不仅超过了业内所有自主经营的电子商务公司，更是占据了全国自营B2C市场的半壁江山。”

刘强东的这番演讲是多么的豪迈，多么的感染人！

现在，刘强东一直强调“平台”。他说：“未来的商业纷争必然是平台之战，背后是价值之战！”因此，刘强东开始将部分精力转向布局金融平台业务。刘强东极力强调互联网金融的潜力，他说：“未来互联网金融业务的规模一定会超过电商业务。”银行给京东的授信规模超过50亿元，“这些钱我们花不了，希望能带给客户。”比如供应商把10个电脑笔记本放在京东的仓库，他需要钱，京东做担保，将银行的授信贷款给供应商；再如买家到年底了想给父母买礼物，但年底奖金还没到账，这时可以通过京东贷款，“除去银行贷款的各种繁琐程序，我们根据这个买家过去的交易信息，3 分钟即可放贷。”

这是多么细致入微的设想和方案。

京东这个艺术品得到了刘强东这位大家的精雕细刻，真正有着千金难买的艺术价值。

有记者问刘强东：“沃尔玛是不是标杆企业？”

略显疲倦而又高度兴奋的刘强东笑了，片刻，他回答说：“说实话，我是那种有信仰、没偶像的人。”

对于他来说，眼里只有工作，只有创造！

他的每一天都在进行一场比赛，除了淘宝、凡客、当当、苏宁易购等新世界的互联网公司外，还有来自传统商业模式的“对手”，比如海尔、苏宁、国美，他们纷纷进军电子商务。刘强东认为制胜的关键是“谁跑得快，谁的学习能力更强。”

2010 年，创办 7 年的京东实现交易额 100 亿元，仅仅过了两年，2013 年，京东就实现了交易额 1100 亿元，虽然与沃尔玛相去甚远，但刘强东坚信，站在互联网肩上，京东是未来的新明星。而最新完成的第五轮融资，则是新一轮冲刺的发令枪。

刘强东在打造京东这个艺术品时，将其发展历程设计为三个“五年计划”，即第一个五年计划已经实现目标，成为中国 B2C 行业第一名，从财务数字来看已经达到这个目标；第二个五年计划已经开始执行了，2011 年是第一年，能成为国内体验最好的电子商务公司；第三个五年是计划打造一个供应链条，在有京东参与的地方，形成健康的购物生产链。

在赢利、上市的道路上，刘强东没有选择通过搜索引擎、网址导航等拉流量，进而带来销量，有了销量之后，获得风投，然后上市套现。而是从用户体验、物流基础设施开始，走了一条“电子商务社会工程”的艰苦的道路。很显然，这条路“很难、很痛苦”，但成功后会有巨大价值。

刘强东“疯狂”地驾车越野，走过荒漠、戈壁，就像一个拓荒者，永远需要前行。他心里的蓝图是辉煌的，是可勾可描可画的。

如今，站在互联网的肩上，他认为自己的拓荒没有边界。

刘强东在打造京东这个艺术品的时候，充满了梦想，全身心地投入了进去，一任雨急风狂。他视野开阔，心智经受了种种磨练，探索思考，在不平凡的电商之路上，他的创作，充满智慧的哲理和感悟的结晶。

他实现了他的远大理想！

他的吸引力和感召力，就是京东的色彩、形象和声音。

无疑，京东已是一个闪烁着奇异光彩的明珠，是真正的艺术品！

强劲的竞争风暴

2012年京东、苏宁声势浩大的激烈竞争成为电商战争的导火索；“双十一”大战，淘宝191亿元的销售奇迹把“电商战”推出了水面，让一切透明化。

2013电商竞争的风暴更强劲。电商们面临更加严峻的挑战，京东在刘强东的带领下，在暴风雨的洗礼中，历经残酷竞争，实现年交易额1100亿，成为新一代的电商霸主。

2012年，京东年销售额突破600亿元，有人说：“刘强东应该踩刹车了。”甚至质疑“京东已经失控！”谁能想到，刘强东却踩下了油门，再次提速，又提出 2013 年目标：实现全年销售额 1000 亿元。难怪苏宁要冲刺 300 亿。有人又说了："苏宁有 50 亿利润作支撑，京东全年亏损超 20 亿，还能烧钱到何时？"

京东发展到今天，最强劲的对手是电商之王——马云。

新老电商之王最根本的冲突是京东与天猫要争做 B2C 行业的老大，马云与刘强东要争做电商行业的老大，不论是京东弃用支付宝，还是屏蔽一淘网搜索，都表明了刘强东不愿京东成为对手的赚钱工具。

除了春节期间的一场价格恶战，3 月 30 日，京东正式将"360buy. com"的域名切换至"jd. com"。此外，"京东商城"这一官方名称将被缩减为"京东"，原先以蓝色为主调的"360buy"被更新成了一只名为"Joy"的金属狗，成为京东官方新的 logo 和吉祥物。

京东这次的举措，是在淘宝商城改名为"天猫"并以猫作为官方吉祥物的一年多后，是为了用户方便记忆和直接登录，作为"京东"两字的拼音首字母拼写，"jd. com"更易于和京东品牌产生联想，有利于京东品牌形象的传播和提升。京东官方对金属狗吉祥物的诠释是：对主人忠诚而著称，拥有正直的品行和快捷的奔跑速度。当时，"天猫"这个起初在业界引起不小议论的名字和官方形象已经获得了用户的普遍认知。当然，京东的吉祥物金属狗也会获得业界承认和认知。

在经历两三年的高速扩张后，京东开始对自身业务架构、生态系统甚至是企业形象识别上做全方位的梳理。

2013 年 10 月初，京东就开始进行"双十一"的强势促销宣传，然后，出现了集体狂欢的网购节。天猫也不示弱，于是，互联网上一场价格战不可避免了。

这两家比较大的电商都借助自身优势造势，明确定位，为此，他们使尽浑身解数，做好宣传策略和媒介购买，并积极组织商家，争取获胜。

天猫作为电商界老大，凭多年盘踞电商领域的经验，已经举办过多次“双十一网购节”。庞大的商家组织对于天猫来说自然是很大的优势，所以商家组织优势非常明显。然而，2013年，天猫遭遇了在开放平台模式上最强劲的对手——京东，商家组织加上京东的自采体系支撑，所以在商家的组织上京东的优势比起天猫更明显。

京东的自采体系能够清楚掌控商品的库存数量，控制商品的能力更强，在单品促销上高于天猫。并且自采商家并不需要付出过多的精力和人力资源，只需要简单地把货送到京东指定的仓库，能够做到补货及时即可。商家对于京东做促销的支持程度，自然比天猫要高出许多。

京东的POP平台商家，经过近两年的发展，优质商家不少，这些商家中的一部分还是和天猫重合的，但由于天猫没有自建仓储物流系统支撑，爆仓和商品不能及时送到的事情屡有发生，这使得天猫失去部分商家，京东在这次“双十一”促销的物流配送上全面开放，并且有极大的优惠力度。天猫在这一点上也难以满足商家的需求。

天猫通过预售缓解了一部分商家“双十一”订单爆仓的问题。可天猫的预售制度只是预付款，许多商家仍然不可能把货提前发出去。而京东则将“双十一”促销的时间整整拉长了近两周，这样一来，商家可以更良性地调配各地库存，将订单压力释放开来，保证了用户在订单完成之后的后端体验。

很明显，京东在商家组织上的优势天猫无法复制！

但是，天猫除了 B2C 的资源外，还有阿里巴巴 B2B 的商家资源和淘宝大卖家的商家资源，所以天猫和京东势均力敌。

在宣传策略上，京东更胜一筹。除了在自媒体领域中利用漫画广告宣传物流配送快以外，还通过视频广告和户外、影院、电视媒体强化这个优势，同时在媒介购买上采取“跟随策略”，也就是天猫的广告在哪，京东的广告就在哪。

天猫意识到了京东的优势宣传，所以聪明地避其锋芒，开始调整宣传策略，在打折和送红包上下起了功夫。然而，很多买家仅用送的红包买最低单价的商品，大件商品却在别处购买。

京东在“双十一”促销中，访问量达到平日的 2.5 倍；京东的仓库 24 小时运营，配送服务已经可以覆盖全国接近 1300 个行政区县，15000 名配送员的配送服务覆盖了 90% 的网购人群，在 11 月 10 日订单量与平时相比翻番的情况下，京东的“211 限时达”妥投率达到了 96%。在“双十一”开始后，0 点至早 8 点，短短 8 个小时内，京东电脑数码销售商品数量突破 25 万件，仅电脑就售出超过 3 万台，平均每秒售出一台，手机售出超过 7 万部，其中，iPhone、三星、华为等中高端产品实现了较平日 3 ~ 7 倍不等的大幅增长。这些数据反映了消费者在“双十一”促销中对商品、服务品质的需求日趋强劲。

京东在“双十一”当天订单量达到 680 万单，是 2012 年“双十一”订单量的 3 倍多。京东的促销时间是 11 月 1 日至 12 日，整个促销期间，交易额突破 100 亿元。

天猫有的，京东也有，天猫没有的，京东还有！在电商鼎盛时期，这种霸气也只是刘强东才有！

2013年，经历了2012年电商行业的整合，追求利润和抢占行业前3名的竞争成为电商竞争主题。苏宁的张近东在“赶”，京东的刘强东在“修”，两者“水火不容”，必有一战。

苏宁易购与京东竞争将更加激烈。

在电商行业前3的争夺比拼中，苏宁易购处于尴尬的地位，是典型的追赶者角色。

京东就不一样，在过去的几年实现快速扩张，交易额从2010年的100亿元到2012年的600亿元。蛇年初始，京东又获新一轮7亿美元的融资。在刘强东的“修养生息”战略指引下，进可冲刺IPO（首次公开募股），退可为其“修养生息”储备粮草。2013年交易额达1100亿元，可以说，京东是游刃有余。

2013年2月20日，“苏宁电器”更名“苏宁云商”。这一天，苏宁的股价一改前两个交易日的颓势，上涨了3.67%。苏宁易购在结构调整后，与京东的模型很相似，为争夺行业内排名，两者之间的竞争更加激烈，特别是平台之争将更加激烈。

按照苏宁电器董事长张近东的设想，“店商+电商+零售服务商”的这一“云商”模式，有别于阿里巴巴的网上交易平台，也不同于京东的电商模式。苏宁将以“采销一体、双线融合”为指导思路，进一步将线上线下电器、非电器类产品、定制服务产品、自主产品、售后服务、商业广场招商与运营等业务，纳入商品经营类进行统一采购与经营服务，进一步推进面向集团的大采购平台和大商品经营平台的建设。换言之，苏宁最后希望建立的还是平台。

京东也并非纯电商模式。京东从2010年就开始筹备POP开放平台业务，刘强东也在2103年打造了一个电商平台，而且是与阿里巴巴完全不同的平台。他说："未来的商业竞争必然是平台之战。"京东的目标并不是在短期盈利，而是将web、物流、信息系统和金融平台业务都做成一个平台。

电商行业是资本密集行业，但资金是苏宁电器的薄弱环节。而京东新一轮总额7亿美元的融资已经到账，这让苏宁易购备感压力。在交易规模上，苏宁易购与京东还有很大差距，数据显示，京东居自营B2C市场份额第一，市场占有率从2011年的36.4%提升至2012年的49%，而苏宁易购市场占有率为13.6%。

京东家电冲击年销售额千亿目标

2013年10月，京东宣布，计划未来3年内，家电年销售额冲击1100亿元，力争成为家电零售老大。

京东家电未来3年战略规划指出：计划到2016年，京东家电销售额达到1100亿元。而京东2013年全年销售额也是1100亿元，家电销售额为220亿元。照此计算，3年之内，京东家电销售额要足足增4倍。

为了冲刺家电千亿销售目标，京东高调打造低价标杆，同时加紧拉拢供应商。

京东的家电销售一直定位在薄利多销，始终保持将"低价"进行到底的姿态。对于京东自营家电，京东提出30天价格保护。对待供应商方面，京东也摆出高姿态。随着近两年电商渠道家电销售话语权不断提高，有厂商一度担心京东会变成另一个苏宁或国美。京东向合作厂商承诺：3年内不提升合同政策点位，不强行摊派费用，不拖欠货款等。京东高调示好供应商，旨在打消厂商的疑虑和担忧。

众所周知，家电是苏宁、国美的最强势商品。最近几年，随着传统连锁渠道商纷纷“触电”，家电大战也从线下“搬”到线上，传统连锁渠道商线上线下协同作战的野心更是无人不晓。据工信部数据显示，2012年，苏宁易购增速200%以上，占苏宁云商销售总额的17%。而国美在线实现了100%的增幅，占国美电器销售总额的9.2%。

此时京东高调宣战，前有苏宁、国美两只拦路虎，后有天猫、易迅等B2C平台电商穷追猛赶，市场竞争之激烈，可见一斑。

京东的路，还很长。

刘强东任重而道远。